精解
神の詩

聖典バガヴァッド・ギーター
Detailed Explanations of Bhagavad Gita

7

森井啓二

きれい・ねっと

もくじ

第6章　瞑想のヨーガ ————————————————————— 5

第6章　瞑想のヨーガ　精解 ———————————————— 15

    (14) ———————————————————————— 16

    (15) ———————————————————————— 32

    (16) ———————————————————————— 35

    (17) ———————————————————————— 102

    (18) ———————————————————————— 108

    (19) ———————————————————————— 112

    (20) ———————————————————————— 115

    (21) ———————————————————————— 117

    (22) ———————————————————————— 120

    (23) ———————————————————————— 121

    (24) ———————————————————————— 136

    (25) ———————————————————————— 141

    (26) ———————————————————————— 151

    (27) ———————————————————————— 156

    (28) ———————————————————————— 157

    (29) ———————————————————————— 162

    (30) ———————————————————————— 165

    (31) ———————————————————————— 169

    (32) ———————————————————————— 172

(33) ·· 175

(34) ·· 178

(35) ·· 182

(36) ·· 186

(37) ·· 189

(38) ·· 191

(39) ·· 195

(40) ·· 197

(41) ·· 212

(42) ·· 215

(43) ·· 222

(44) ·· 224

(45) ·· 226

(46) ·· 236

(47) ·· 241

参考文献 ·· 250

Chapter 6.

第6章
瞑想のヨーガ

スリー・バガヴァーンは言った。

「行動の結果にこだわらずに、なすべきことをなす者は、放棄者（サンニャーシー）であり、ヨーガ行者である。祭火を灯さない者や、祭祀を行わない者は、そうではない。(1)」

「サンニャーサ（行動の放棄）と言われるものがヨーガであることを知れ。パーンドゥの息子（アルジュナ）よ、欲望を放棄しなければヨーガ行者にはなれない。(2)」

「ヨーガに到達しようと聖者を目指す者の手段は、行動であると言われる。ヨーガに到達した者の手段は、静寂であると言われる。(3)」

「すべての欲望を捨てて、感覚の対象と行動に執着しない者は、ヨーガに到達した者と言われる。(4)」

「自ら心を高めよ。心を堕落させてはいけない。制約された魂にとって、心こそ友であり、同時に、心こそ敵であるから。(5)」

「心を克服した者にとって、心は最良の友である。しかし、心を克服していない者にとって、心は最大の敵のようにふるまう(6)」

「自己を克服して静寂を得た人の最高我（パラマートマー）は、寒

さにも暑さにも、苦にも楽にも、名誉や不名誉にも、動じること
なく安定している。(7)」

「知識と智慧(自己実現)に満足して揺ぎなく、感覚を支配したヨー
ガ行者は、確立した者と言われる。彼にとっては、土塊も石も黄
金も同等である。(8)」

「自分に好意を寄せる者、友人、敵、無関係な者、中立的な立場
の者、憎むべき者、親族、善人、悪人を平等に見る者は優れている。
(9)」

「ヨーガ行者は人里離れた所で隠遁生活を送り、心身を制御し、
願望なく、所有の観念を放棄し、いつも心の集中に努めなけれ
ばならない。(10)」

「清浄な場所に、クシャ草と鹿皮と布を重ねて敷いた、高すぎず
低すぎない安定した座を設け、(11)」

「ここに坐り、心と感覚の働きを制御し、心を一点に集中してヨー
ガを実践し、自己を浄化しなければならない。(12)」

「胴体と頭と首を垂直に保って、不動の姿勢をとり、鼻先を見つ
めてきょろきょろせず、(13)」

「心を静めて恐怖を抱かず、肉体的な性欲を昇華し、心を制御し、いつも私を思い、私に意識を集中して坐らねばならない。(14)」

「このように、常に自己の統制に努めていれば、心を制御したヨーガ行者は、物質世界を脱却し、平安の神の王国に到達する。(15)」

「飽食をする者にも、過度に食を控える者にも、ヨーガはない。アルジュナよ、眠り過ぎる者にも、不眠を続ける者にも、ヨーガはない。(16)」

「適度に食べ、適度に体を動かし、適度に行動し、適度に睡眠と目覚めをとる者にとって、ヨーガは苦しみを根絶するものとなる。(17)」

「ヨーガをしっかりと修練して物質的な欲望をことごとく帰滅させ、心が静謐になり真我の中に安住した時に、ヨーガを確立したと言われる。(18)」

「風のない所では灯火が揺れないように、心を統制して真我に意識を集中しているヨーガ行者は自己に安定して微動すらしない。(19)」

「ヨーガの修行で心の動きを完全に支配し、事物から退き、静寂を得た時、自己が自ら真我を見出して満足し、(20)」

「理知で認識できる、感覚を超えた最高の喜びを感じた時、ここに留まって真理から逸脱せず、(21)」

「これを得ればこれ以上に得るものはないと思い、ここに留まれば最大の苦難にも動揺しない、(22)」

「このような苦悩とのかかわりを断ち切ることが、ヨーガと呼ばれることを知れ。決然として、ひたむきな心でこのヨーガを実践せよ。(23)」

「想念から生まれるすべての欲望を放棄して、あらゆる方面からすべての感覚を心で統御し、(24)」

「十分な確信を持って知性に導かれて徐々に一歩一歩超越的境地へと到達せよ。他のことを考えず、真我に意識を集中せよ。(25)」

「動揺して不安定な心がいかなる理由で流浪しても、これを引き戻して、真我にのみ従わせよ。(26)」

「私に心を固定して不動となったヨーガ行者は、最高の至福を得ることが出来る。激情（ラジャス）を超えて、至上霊ブラフマンに合一した境地を悟り、一切の罪から離れる。(27)」

「このように常にヨーガの実践を行い、物質界の汚れを離れたヨーガ行者は、ブラフマンとの結合という究極の歓喜の境地に到達する。(28)」

「ヨーガによって心が調和した者は、万物の中に自己を見、自己の中に万物を見る。彼は万物を同等に見ている。(29)」

「万物の中に私を見、私の中に万物を見る者は、私を見失うこともなく、私が彼を見失うこともない。(30)」

「万物と一体になり、万物に宿る私を礼拝するヨーガ行者は、どのような生活をしていても、私の中にいる。(31)」

「アルジュナよ、喜びや苦しみがどこにあっても、それを自分のものと同じ基準で見る者は、最高のヨーガ行者とみなされる。(32)」

アルジュナ
「クリシュナよ、あなたはこのヨーガが万物を同等に見る境地であると語った。しかし、心が動揺していて、私には不動の境地が

見えない。(33)」

「クリシュナよ、心が動揺して荒れ狂い、強烈で頑固である。心を抑えることは、風を抑えるほどに難しいと私は思う。(34)」

「勇士よ、確かに心は動揺し、制御することが難しい。しかし、実践と無執着によってこれを制御することはできる。(35)」

「自己を制御できない者がヨーガを達成することは難しいと、私は認める。しかし、自己を制御して、適切な方法で努力すれば、これを達成することができる。(36)」

アルジュナ
「信仰心があっても、自己を制御することができず、心がヨーガからそれた者は、ヨーガを達成することができず、どこに行くのか。クリシュナよ。(37)」

「両方から脱落した者はブラフマンへの道の途上で迷い、よりどころもなく、ちぎれ雲のように消えてしまうのではないか。(38)」

「クリシュナよ、この私の疑惑を完全に断ち切りたまえ。この疑惑を断ち切る者は、あなた以外に誰もいない。(39)」

スリー・バガヴァーンは言った。

「プリターの子よ、真理を求めて、善行を積んだ人々は、この世でも来世でも、破滅することはない。友よ、善を行う者が悲惨な所（地獄）に落ちない。(40)」

「ヨーガの修行から脱落した者は、敬虔な人たちの世界に行き、長い間そこで暮らした後、徳の高い裕福な人々の家庭に再び生れる。(41)」

「あるいは、賢明なヨーガ行者の家族に生まれる。このような出生はこの世では極めて得がたい。(42)」

「クルの子よ、彼は前世で得た知識をここで再び獲得し、完成を目指して、前世以上に努力する。(43)」

「前世での修行により、彼は否応なく（ヨーガの道に）導かれる。ヨーガを知ろうと望むだけでも、ヴェーダの儀式を行う者を超える。(44)」

「骨身を惜しまずに努力するヨーガ行者は、あらゆる罪を清め、幾多の誕生を経て完成に達し、最高の境地に至る。(45)」

「ヨーガ行者は苦行者よりも優れ、知識ある者よりも優れていると

考えられる。彼は果報を求めて行動する者よりも優れている。だから、アルジュナよ、ヨーガ行者であれ。(46)」

「すべてのヨーガ行者の中で、大いなる信念をもって私に帰依し、献愛奉仕の心で私を礼拝する者は、内なる真我が最も親密に私と結ばれる。この者を私は最も偉大なヨーガ行者とみなす。(47)」

Chapter 6.

第6章
瞑想のヨーガ　精解

VI. atha ṣaṣṭhodhyāyaḥ.

（ātmasaṃyamayogaḥ）

（14）～（47）

praśāntātmā vigatabhīr brahmacārivrate sthitaḥ
manaḥ saṃyamya maccitto yukta āsīta matparaḥ 6.14

「心を静めて恐怖を抱かず、肉体的な性欲を昇華し、心を制御し、いつも私を思い、私に意識を集中して坐らねばならない。(14)」

「恐怖を抱かず」

　瞑想の初期状態として恐怖があると、身体の筋肉や内分泌腺が緊張して、完全なリラックス状態を保てません。

　瞑想が深くなる段階において、恐怖は深い瞑想を妨げる一つの壁になります。

　恐怖は未知のものへの怖れ、二元性にいる時にのみ生じる現象です。すべてが一つである至福の境地には未知なるものは無いからです。

　人は、未知なるものを怖れる性質があります。特に、それがウイルスのように目に見えないものだと過剰に怖れてしまうようです。未知なるものへの過剰な怖れは、人の判断を鈍らせます。

　ある国で、一人の罪人が王様の前に引き出されてきました。王様は、罪人に次のように告げました。「お前には、

罪を償う方法として二つの刑を選ばせてやろう。一つは絞首刑だ。もう一つは、そこに見える黒い扉の向う側で行う刑だ。どちらかを選べ」。

罪人は、未知の刑を怖がり、絞首刑を選びました。絞首刑が執行される直前に、罪人は王様に質問しました。

「王様、黒い扉の向こう側ではどんな怖い刑が行われているのでしょうか。私はこれから死ぬ身です。誰にも言いませんから教えてください」。

王様はこう言います。「わしは、すべての罪人に同じように刑を選ばせている。だがほとんどの罪人は、自分がよく知っている絞首刑を選ぶのだ。もう一つの刑がわからないから怖くて選べないのだろう」。

罪人はもう一度、王様に聞きます。「王様、死ぬ前にどうか教えてください。あの黒い扉の向こうは何があるのか」。

王様は答えました。「あれは出口だ。あの扉を選べば自由の身だ。でも未知への怖れが強すぎるのか、ほとんどの者は選ばないのだ」。

瞑想によって深い意識へと向かう時には、恐怖という感覚は消えていきます。恐怖感を抱くということは、二元性の中に自分自身を閉じ込めてしまうことになります。

しっかりとした瞑想を続けていくことで、恐怖からは完

全に離れていくことになり、これは二元性の領域から離れていくことの象徴として記されています。

「肉体的な性欲を昇華し」

肉体的な性欲の昇華は、禁欲（神に向かった生活：ブラフマチャーリヤ）の一環として行われます。ブラフマチャーリヤとは、絶対神ブラフマンにより近づく行為という意味があります。

禁欲とは、ただ単に性的器官の制御だけにとどまらず、すべての感覚器官の制御が対象となります。

その中でも特に、人間の三大欲の一つである性欲は、とても力強いエネルギーであり、制御が困難なものになります。人間から動物、小さな昆虫に至るまで、すべての動物たちが性欲を持っています。そして、繁殖期になれば、性欲に突き動かされた行動に支配されるほど、性欲は強力なものです。

すべての器官の中で、生殖器官は最も激しい時期があるのが特徴です。そのため、禁欲ブラフマチャーリヤにおいて、特に細心の注意が必要なのが、この生殖器官の制御になります。

「感覚器官の制御により、貪欲と瞋恚（怒りの感情）が消えていき、生類を害せざることにより、人は不死を得る」

（マヌの法典 6-60）

　「真我への到達は、常に真実、修行、真の知識、そして禁欲で達成できる」（ムンダカ・ウパニシャッド）

　「肉欲の交わりを断ち、いかなる美しく若い女性にも惑わされず、驕りからも怠りからも離れ、束縛から解脱している聖者、かれを真の聖者と知りなさい」（釈迦大師／スッタニパータ）

　性エネルギーは、正しく使うことで生命エネルギーが増し、霊性進化のための最適な動力になります。また、穢れを祓い、清めるための強い推進力ともなります。
　肉体的な性エネルギーの浪費防止と性欲の昇華は、霊性進化の道の途中からは必要不可欠なものとなります。ここで「途中から」としたのは、神聖な交わりによって子供を授かることは、何よりも素晴らしいことだからです。

　すでに前章までに解説した通り、性エネルギーはとても動的で強力なエネルギーであり、これを肉体的な浪費から守り、神聖なエネルギーへと昇華していくことによって、精妙なエネルギーである「オージャス」へと変換され、さらにより精妙な「テージャス」へと変換されていきます。

それらのエネルギーは、より波長の高いレベルへと向かう性質を持っていて、瞑想を行ない、心が深く内側へと向かっていく時に、とても良い推進力となります。

　精妙なエネルギーであるオージャスやテージャスは、霊的エネルギーです。肉体的エネルギーの精液から、霊的エネルギーに変換されるのです。それはまるで、どこにでもある炭素からダイヤモンドが創られるようなもの。
　この霊的エネルギーは、肉体や感覚器官や心などさまざまな領域にも働きかけて、活力を増すだけでなく、真我へと向かわせる方向性を作り出します。

　「精液こそ神聖なものであり、身体に活力を与えてくれるものである」（スシュルタ・サンヒター）

　「精液は、大切に保管すべき財宝である」（スシュルタ・サンヒター）

　「精液を漏らさずに保持できれば、その肉体は光り輝き、心地よい香りを発する。さらに死をも怖れぬ気力を養うことが出来る。精液こそ真に生命を支えるものである」（ゴーラクシャ・サンヒター）

　「禁欲に徹する者は、精力を得る」（ヨーガ・スートラ第
二章 38 節）

性エネルギーの正しい活用
　今までの時代、多くの人は、さまざまな宗教が説く間違っ
た教えによって、性を否定すべきものと勘違いしてしまい、
抑圧してきました。
　それは、性エネルギーについて真正面から向き合うこと
なく、正しい理解をしてこなかったことが最大の理由です。
さらに残念なことに、社会は性をより歪めるような風潮を
拡げてしまっています。

　性エネルギーは隠すものではなく、卑しいものでもあり
ません。
　現代社会では、肉体の一部を猥褻なものとして隠し、そ
の一方で不必要で有害な性情報の提供を容認することで、
性に対する認識をさらに歪めてしまっています。
　人の欲望の性質として、肉体の一部だけを不自然に隠せ
ば隠すほど、性に対する歪みは強まっていきます。ある芸
術家が、野生動物たちにセクシーな下着を着けさせる試み
をしています。その結果、本来の姿で美しいはずの動物た
ちが、下着をつけることによって見る人に不自然な性的欲
望を生じさせる結果となったのです。

このような歪んだ認識を正していかなければ、性エネルギーの正しい活用は出来ません。

　性エネルギーは、車に例えるとスーパーカーのように特別な推進力を持ったもの。暴走車の映画ばかり観ていた人がスーパーカー乗れば、危険を伴って暴走してしまうでしょう。しかし正しく使えば、より早く快適に安全に目的地へと連れて行ってくれる素晴らしい道具になるのです。

　裸体は、純真な心で観察するならば、猥褻さなど微塵も無く、美しさしか感じないはずです。

　性欲は、本当の役割を知って正しい使い方を実行すれば、人間に備わっているとても尊いエネルギーであることがわかるはずです。

　性エネルギーを使う欲求である性欲は、肉体的な道具というよりも、肉体を超えて自己を霊的に高めるための大切で尊い道具です。

　性エネルギーの正しい活用がなくては、サマーディへと人を導くことは出来ません。性エネルギーの正体は、神からの贈り物、神性を持つ聖エネルギーです。

　人々が性エネルギーに対して持つべきものは、社会で歪んでしまった偏見ではなく、清らかで純粋な好奇心です。性エネルギーは、自分の身体をよく理解するために、そし

て内面をよく理解するために活用することが出来るのです。

　昇華されていない段階の性エネルギーでさえ、心身に活力を与え、心を熱くして、愛する気持ちや人を思いやる気持ちを増強し、創造性を活性化し、生きる喜びを増やし、心の力を目覚めさせて成長し開花させる原動力となります。

　私は基礎体力が全く無いのですが、眠らず食べず過酷な山岳修行に繰り返し耐えられる様子と肉体を SNS などで 60 歳になるまで示したことで、身を以って性エネルギーの昇華の効用を証明しています。

　動物にとってセックスは、子孫繁栄のための自然な行為ですが、人はその自然な行為を超えて、崇高な目的に活用する権限が与えられています。だから動物のように発情期が無く、いつでも性エネルギーが聖エネルギーとして使えるようになっているのです。

　ところが、社会的な影響によって、多くの人が性エネルギーを誤用しています。性エネルギーを誤用した場合には、動物的どころか、たいていは動物以下のレベルにまで落ちてしまいますが、本来は、動物レベルを超えて、人として超越すべき課題です。

また、不特定多数の人と性行為を行うことは、霊的に
マイナス面がかなり多いことは理解しておいた方がよいで
しょう。

　人は、周囲のさまざまな波動を取り入れる性質がありま
す。見るもの聞くもの触れるもの、すべての印象は波動と
して浸透し、内なるエネルギーに影響を与えます。特に、
他人の波動を最も早く取り入れる方法が肉体的な接触で
す。

　性行為を神聖なものとして扱わない状況において、複数
の人と同じ時期に性行為を行うことは、絵の具を一度に複
数混ぜることに似ています。一つひとつがどんなにきれい
な色であっても、複数を一度に混ぜれば濁った色に変色し
てしまいます。

　素晴らしい性エネルギーが、エネルギーを蓄え、昇華さ
れて、霊的脊髄を通して上方に引き上げられたら、どうな
ることか是非想像してみてください。

　一番下の会陰部の霊的中枢から一番上の頭頂部の霊的中
枢まで、経由するすべての霊的中枢にエネルギーを拡げな
がら、駆け上って行く様子を想像してみてください。

　そのエネルギーは、すべての人に存在しているのです。

　性エネルギーの昇華は、今まで感じたことの無かった至

福の領域へと、人を引き上げてくれます。創造性も活力も
より精妙に高まり、愛する気持ちはより深く拡がり、生き
る喜びもより良質の至福へと変容していきます。

　性に関わるセンターが肉体と共に活発である時には、霊
的脊髄を上昇するクンダリーニのエネルギーは眠ったま
ま、最も低い霊的中枢に収められています。
　このクンダリーニが解放され、上昇していくためには、
まず肉体的な欲望が消えて、かつ高い位置にある霊的中枢
が、瞑想や祈りなどの実践を通して解放されている必要が
あります。
　クンダリーニの上昇は自然なプロセスで起こるものであ
り、人為的にクンダリーニを目覚めさせて、上昇させるも
のではありません。

　肉体的な欲望を、自然な形で消していく方法の一つに、
「清浄の戒行」があります。
　神の神殿である肉体を清浄化していくことです。外観を
きれいに洗う他、内面も清らかな食事、断食、思いと言葉
の清浄化などを実践していきます。

　パタンジャリ大師は、次のように述べています。
　「清浄の戒行によって、自分自身の身体への厭わしさ、

他人の身体に触れることの厭わしさが生ずる」（ヨーガ・スートラ第二章40）

これは、肉体の内外の浄化が進むにつれて、肉体には老廃物が常に付きまとうことが意識されて、次第に不浄なる肉体への執着が減ってくる現象が起こることを示しています。

このようにして、肉体が最も大切だという誤った認識から離れて、魂の道具であることの確信へと至ることになります。

それがさらに進むと、真我達成への助けになっていきます。

「清浄の戒行によって、さらにサットヴァの浄化が起こり、心の愉悦、集中能力の強化、真我を直覚する能力が出現する」（ヨーガ・スートラ第二章41）

肉体と心の清浄化が進むと、心が調和して働くことが容易となっていき、外側に向いていた感覚器官は制御しやすい状態になります。その結果、心が澄んでくるので、真我の光を感知しやすくなります。

「万物の中でブラフマチャーリヤのみが、善なる師、善

なる王、人民の善き保護者となる。彼はこの世にあって、インドラ神のように輝き、この世を統治する」（アタルヴァ・ヴェーダ）

「ブラフマチャーリヤの力によって、神々は死を克服した」（アタルヴァ・ヴェーダ）

「もしも、すべての感覚器官を、意志と等しく制御できたら、彼はヨーガの修行によって、その肉体を消耗することなく、崇高な目的を成就するだろう」（マヌの法典）

「いつも私を思い、私に意識を集中して坐らねばならない」

　神に心を完全集中するのが、瞑想です。

　これは、いつも神に心を集中して向けるという行為と、そこからさらに進んで、神に自らの心を明け渡すという両方の意味が含まれています。

　瞑想が深まり、通常の意識から超越意識へと移行し、さらに宇宙意識、神意識へと変容していく過程で、次第に自分という存在が明け渡され、ただ「在る」という状態になっていきます。

　神を思い、神に意識を集中することで、自分自身を完全にゆだねていく道を進んでいくことになります。通常の顕

在意識にある時の、自分が他の存在とは別に独立して存在する意識や全体とは別に孤立している意識は、創造主である至高の存在である神に明け渡すことによって消滅していきます。

「私に意識を集中して」

これは、欲望と執着を断ち、自我を消していくことも意味しています。

自我を帰滅させた時にはじめて、神がやってくるからです。

自我を司る心の要素であるアハンカーラは、大空を覆う厚い雲のような存在です。アハンカーラを消していくことにより、雲が消えて太陽の光が射し込んでくるように、真我の光を遮るものが無くなっていきます。

また集中という言葉は、かなり意識を使うようなイメージがあるかもしれませんが、実際にはその真逆で、自分の奥深い領域において完全なリラックスした状態でゆだねていくことになります。

瞑想は、一日何回行ってもよいのですが、適した時間帯というものがあります。

1. 昼と夜のつなぎ目：日の出の前後と日の入りの前後

2. 日の出一時間半前：ご来光前のこの時間帯は「ブラフ
　マンの瞬間（ブラフマ・ムフールタ」と呼ばれています。
　一日のうちで最も神聖になれる時間帯とされます。ム
　フールタとは、一日（1440分）を30分割した単位（48分）
　です。日の出の96分前から48分前がブラフマ・ムフー
　ルタ、日の出の48分前から日の出までは、「サムドラ・
　ムフールタ」といいます。この二つの時間帯は、自然
　界も静まっていて、心身ともにリラックスし、サット
　ヴァが優位で瞑想に適した状態になっています。
3. 真夜中：自然界が静まる時間。

　これらの時間帯は、スシュムナーの流れが活発になり、
鼻呼吸が左右均等に行われます。
　これ以外の時間帯は、スシュムナーの両側にあるイダー
とピンガラーのいずれかが活発化していて、そのため鼻呼
吸も左右差が出ています。

　また多くの人が祈りを捧げる祭日、例えばクリスマスな
ども、地球がまるごと神性さに包まれて瞑想が深くなりま
す。

　「神は、神を選ぶ人を選ばれる」（パラマハンサ・ヨガナ
ンダ）

「一日を三十分割したものがムフールタ、ムフールタを三十分割したものがラヴァ、ラヴァを六十分割したものがタットクシャナ、タットクシャナを百二十分割したものがクシャナ」（阿毘達磨大毘婆沙論）

クシャナは、日本語では「刹那」と書きます。

「非アートマンなるものを想うのを止めなさい。それらは悪そのものであり、必ず悲しみをもたらすだろう。「至福」の顕現であるアートマン（神）を想いなさい。それこそが解放への手段である」（シャンカラ／ヴィヴェーカ・チューダーマニ379）

「神にすべてを任せることによって、サマーディは達成される」（ヨーガ・スートラ第三章45）

「人はブラフマ・ムフールタに起きるべきである。完全な健康、免疫力向上、長寿。人生の崇高な目的のため、心の平安のため」（アシュターンガフリダヤ・サンヒター）

「私たちが神に対していだいている確信は、こうである。すなわち、私たちが何事でも神の御旨に従って願い求めるなら、神はそれを聞きいれて下さるということである。

そして、私たちが願い求めることは、なんでも聞きいれ

て下さるとわかれば、神に願い求めたことはすでにかなえ
られたことを、知るのである」（ヨハネの第一の手紙5：14-
15）

「主なる神は日です、盾です。主は恵みと誉とを与え、
直（なお）く歩む者に良い物を拒まれることはありません。万軍の
主よ、あなたを信頼する人はさいわいです」（詩篇84：11-
12）

「わかっているようで、人は自分の心の状態が把握でき
ていない」（法然　浄土宗開祖）

「人生のすべてをかけて神に仕える者は、これまでもこ
れからも常に、人生の賜物を—最高の賜物を—受け取るこ
とになる」（エドガー・ケイシー 2497-3）

「道であり、真理であり、光である主を、あなたの「模
範」とし、あなたの「理想」とせよ」（エドガー・ケイシー
1861-2）

「虚をいたすこと極なり。静を守ること督なり」（老子／
上篇）

「自分が本質において永遠なる存在であり、どんな出来事も修行であることを忘れない限り、何が起きようと落ち込む必要はありません」(シルバーバーチ)

yuñjann evaṃ sadātmānaṃ yogī niyatamānasaḥ
śāntiṃ nirvāṇaparamāṃ matsaṃsthām adhigacchati 6.15

「このように、常に自己の統制に努めていれば、心を制御したヨーガ行者は、物質世界を脱却し、平安の神の王国に到達する。(15)」

この節では、前節までに語られた瞑想の実践によって、到達する道筋を示しています。

ここで瞑想の先にあるのは、「mat-samstham(精神の領域：神の国)」であることが示されました。また、その前段階においては、「nirvana-paramam(物質界の停止、物質からの脱却)」が起こることも書かれています。

「自己の統制」とは、肉体、呼吸、感覚器官、精神などすべての面で制御出来ていることを意味しています。自己統制によって、心は静寂の中へ入ります。

「心を制御した状態」というのは、瞑想が深くなった状

態を意味しています。心は平安に満たされ、三つのグナを超越し、物質世界から脱却することになります。

　心の平安にも、消極的（表面的）な平安と積極的な（深い）平安があります。

　消極的な平安とは、物質的に恵まれていたり、何もすることがなかったり、義務や責任を放棄して、何もするべきことが無い場合の心の平安です。この平安は世俗的に何かの事象が発生すると、すぐに消え去ります。

　積極的な平安とは、普遍意識に根差したもので、真我の波動からくる絶対的な平安を感じている場合の心の平安です。この場合には、世俗的にどんな事象が起きても、心の平安は維持されることになります。

　さまざまな感情にも、各々独自の波長があります。喜怒哀楽で言うと、怒や哀は、低い波動を有し、喜や楽は比較的高い波動を有しています。

　瞑想が深くなり、心がより精妙な領域へと入っていくと、波動の低い感情から静かに消えていきます。

　そして次第に、喜の波長がとても大きく感じられるようになっていきますが、喜もゆっくりと消えていき、楽が残ります。やがて、楽もいつの間にか消え去り、心は最も精妙な領域へと入ります。

「心が外的な対象を手離して、内側に向かい、それ自身の輝ける姿を見るならば、それが真の叡智である」（ラマナ・マハルシ）

「明晰な知識を武器として、瞑想による力を備え、心を統一し、瞑想を楽しみ、今を生きる人は、世の中における無常を理解し、智慧を具現した者として、あらゆる事象から解脱する」（釈迦大師／ダンマパダ）

「瞑想から生じたものだけが、カルマの刻印を免れる」（ヨーガ・スートラ第四章6）

「魂の真の満足は、内なる静寂と輝きとなって表われます。すなわち真我を見出したことから生まれる魂の平安と自信です」（シルバーバーチ）

「瞑想は、心と身体を霊の本源に合わせる行為である」（エドガー・ケイシー 281-41）

「曾て我の自性を観ぜずんば、何ぞ能く法の実諦を知らん」（空海／秘密曼荼羅十住心論）
自分の心を内観しない者は、宇宙の法（実在世界の真理）を知ることが出来ない。

「小さなコップの中に、莫大な量の大海の水が入らないように、人間の限られた心には遍在する神意識を受け入れることは出来ない。しかし、瞑想によって意識を拡大し続けると、人は最終的に全知となることが出来る。万物に遍満する神の知性と一体になるのだ」（パラマハンサ・ヨガナンダ）

nātyaśnatas tu yogosti na caikāntam anaśnataḥ
na cātisvapnaśīlasya jāgrato naiva cārjuna 6.16

「飽食をする者にも、過度に食を控える者にも、ヨーガはない。アルジュナよ、眠り過ぎる者にも、不眠を続ける者にも、ヨーガはない。(16)」

霊性進化の道を歩む者にとって、適切な食事と睡眠はとても大切な要素になります。

第6巻で述べたように、身体は神を祀る神社であるという観点からすると、食事は礼拝の一部となります。

この節においては過不足がテーマであり、「食」は、五感を使って対象を楽しむことの象徴にもなっています。ま

た「睡眠」は、五感が不活発な時の状態の象徴にもなっています。

　伝説の宮大工の棟梁が「道具を大切に扱うことが最高の仕事に繋がる」と語っていました。
　私たちが、神と合一するための最初の大切な道具は、肉体です。肉体という大切な道具の手入れを欠かしてはなりません。

　ある聖者が次のように言いました。
　「もし人間が肉体を持っていなければ、たとえ離欲を達成し、深い信仰心を持った賢者であっても、ヨーガの技法によって解脱に達することはできない」。
　これは、自分たちの肉体を通した実践の重要性を強調する格言です。私たちが肉体を持っていることは、千載一遇の大チャンスです。肉体を纏っているうちに、自分の身体をよく理解して、丁寧なメンテナンスを行い、霊性進化の道を歩むために十二分に活用する必要があります。

食を変えれば人生の質が変わる
　肉体の良質なメンテナンスに最も必要なものは食です。
　「マハー・ナーラーヤナ・ウパニシャッド」には、食は人間が肉体的レベルから精神的レベル、霊的レベルへと発

展していくために必須のものと記されています。

　「チャーンドギャ・ウパニシャッド」では、食べたものの消化についてエネルギー的な面から言及しています。
　固形物について、粗雑な部分は便となり、中質の部分は肉となり、繊細な部分は脳の栄養となります。
　液状物について、粗雑な部分は尿となり、中質の部分は血となり、繊細な部分はプラーナとなります。
　脂肪分について、粗雑な部分は骨格となり、中質の部分は骨髄となり、繊細な部分は波動となります。
　一般的に粗雑な部分は16分の10、中質部分は16分の5、繊細な部分は16分の1の割合で構成されています。

　あるヨーガの経典では、食事は固形食が胃の半分、液体食が4分の1、残りの4分の1は空けておくと指示されています。これは日本の腹八分目と似ています。

　食事は、よく噛むことが基本です。よく咀嚼することにより、唾液に含まれるペルオキシダーゼなど十数種類の唾液酵素が効率よく働くようになります。唾液酵素は、食品に含まれる添加物の発癌性などの有毒性を消去することが確認されています。口に入れた食べ物を30回以上噛むと良いというのは、唾液が咀嚼開始から30秒後によく出る

ためです。

　咀嚼は、固形の食事だけでなく、液体でも同じです。

　またよく咀嚼することによって、食事を自分の身体のエネルギーに合わせていくことが可能となり、食事に含まれる繊細な部分をよりよく取り入れていくことが出来るようになります。

　「大食いで、眠りを貪り、夜も昼も怠惰に寝ている者は、飽食で大きな豚のように肥え太り、愚かにも輪廻転生を繰り返す」（釈迦大師／ウダーナヴァルガ）

　「食べ物に夢中になることと、神に近づいていくこと、この二つが両立することはありません。まずは、舌を正しく使うことを決心してください」（サティヤ・サイ・ババ）

　食事は、それがたとえ質素なものであっても、意識を変えるだけで、今まで味わったことのないような美味しく有難い味になります。

　人は一生に平均すると5万から10万回の食事をします。その一回一回口にする食事の内容、作法、心構えが変わるだけで、人生の質は大きく変わります。

　よく私たちは、「まず、舌をコントロールしなければな

らない」と言われます。

　味覚は、感覚器官の中で、私たちを最も強く魅了するものです。思い浮かべてみてください。お腹が空いている時に五つ星レストランのディナーが目の前にあったら……。

　だから、舌をコントロールすることができれば、他の感覚器官も制御できるはずです。

　舌のコントロールは大きく分けて二つあります。

　一つは、口に入る食のコントロール。もう一つは口から出る言葉のコントロールです。

　多くの人にとって食のコントロールは難しく、日常的に自制していないと、つい感覚を喜ばせるために食べてしまいがちになります。

　本来身体は、自分の細胞に何が必要かを理解していて、脳神経系に情報を伝達しています。でも、その身体が本当に喜ぶ食べ物よりも、舌を喜ばせる食べ物を選んでしまう傾向があるのです。

　高速道路のパーキングエリアや観光地のお土産屋さんには、たいていソフトクリームが売っています。そこに行くまでは、ソフトクリームのことなど全く考えてもいなかったのに、メニューの写真を見ると美味しそうなのでつい

買ってしまいます。本当に食べたかった訳でもない食材なのに、つい食べてしまうのは、感覚器官に誘導されてしまっているからです。

　これは食だけに留まらず、バーゲンセールと聞いただけで欲望から買い物に行ったり、欲望に負けて性行為をしたり、欲望から飲酒をするようになってしまったりと、五感は誘惑の機会があるたびに、自制心に従わないことを覚えていくのです。

　無意識であっても、このようなことを続けていると、人はやがて感覚に支配されていきます。

　欲望が病的になった状態を、貪欲といいます。これは心の空虚さを、狭い視野の中で現世の物事だけで埋めようという行動から始まります。

　そこには自分の人生を意味あるものにしたいという欲求が根底にあるのですが、その表現方法が物質世界だけに限定されて歪んでしまうのです。心の空虚さを埋めようと必死になるのですが、いくら埋めても空虚さは増していくという悪循環に陥り、欲望は貪欲へと変容していってしまいます。

　このように欲が病理的変化を起こさないようにするために、自分の欲をよく内観し、心の空虚さの正体を理解して

いくことが大切です。

　そして日常生活の一つひとつの所作に、感覚器官に誘導されていることがあれば、それを制御していく習慣をつけていくことです。

　なにか行動するたびに、この行為は自分にとって本当に必要なのかを丁寧に観察することによって、自分をより深く理解することが出来るようになります。ただし、あまり厳格にやり過ぎないことが肝要です。厳格な制御は抑制となり、時間と共に必ず反動が起こります。

　世界145カ国3600人を超える研究者が参加した主要な病気やケガ、その他の危険因子による死亡率や障害などを評価する研究データ「Global Burden of Disease」が公表されています。そのデータによると、健康的に長生きするために最適な食事は「豆類、野菜、全粒穀物、ナッツを多く摂取し、赤身肉と加工肉を少なくした食事」であることが明らかになっています。

　研究によると、20代から健康的な食事をとることで、平均寿命が10年以上長くなり、60歳から健全な食生活に変更することでも、平均余命が8年も長くなると推定しています。

　さらに、80歳から始めた場合においても、平均寿命は3年半長くなる可能性があるとの考察に至っています。

国によってその風土に合った食事というものがあるので、これをそのまますべての人々に当てはめることは出来ませんが、野菜が豊富に育つ土壌を持つ日本人はもっと肉食を減らし、止めていった方が良いと思います。肉食でタンパク質は摂取できますが、そこには霊的タンパク質はありません。

　よくお肉の特定の成分は、特定の病気の改善に良いという情報から積極的に勧められますが、特定の病気に良くても、別の病気を引き起こしやすくなる傾向を作り出すこともあります。体に負担のかかる毒素の元となる物質や低い波動が、お肉には野菜よりも多く含まれているからです。

　神が、野菜や果実にあらゆる病気に対応する薬効成分を入れたのは、偶然ではありません。

　ただし、近年の野菜は栄養価が極端に低いものが多くなっています。日本は、農業における化学肥料の依存度が極めて高い国として知られています。日本の農業肥料の99% が化学肥料となっています。それによって土壌のミネラルや微生物の減少がみられ、そのことが収穫する野菜のミネラルやビタミンなどの栄養素の減少に影響しています。

　化学肥料の使用量は、作付面積1ha 当たり、ロシアで12kg、米国で110kg、日本は270kg 以上と世界でも突出し

て高い状態になっています。

　また、日本では農薬使用量もとても多く、そのうえ最近、政府は農薬の食品残留基準を大幅に緩和してしまいました。さらに、有害性がとても高いと指摘されている除草剤も、政府が残留基準値を大幅に緩和して積極的に推奨しているというのが、今の日本の現状です。残留した農薬や除草剤の影響は、次の世代にまで影響することも判明しています。

　このようなことから、スーパーで購入した野菜だけで菜食のみとすることには注意が必要です。

健康で長生きする理由

　健康で長生きするのは、遊ぶためではなく、少しでも多くの時間を霊的向上に使うためです。健康寿命が延びても、悪行に手を染めたり、環境破壊に繋がる浪費をしたり、エゴを満たすためだけに費やすのであれば、意味がありません。

　インドには、古くから「シッダ医学」というものがあります。

　シッダ医学は、聖者（シッダ）からの知識を継承した医学とされ、その基本はアーユルヴェーダとほぼ同じです

が、シッダ医学では薬物として鉱物を多用することが特徴です。

シッダ医学は、治療目的を明確にしている医療です。それは、人がこの世で身体を纏うのは、地上で経験を積んで魂を進化させて、大いなる存在と一つになるためであり、それを遂行するために心身を強化し健康に保つことが重要であると説いています。

健康で長生きするのは、神に向かう人生のためです。
長い長い惟神の道を、より楽しく美しく歩いていくためです。

クルクシェートラの戦いにおける、このギーターでの会話の時、クリシュナは86歳、アルジュナは84歳でした。また、ビーシュマは、116歳でした。

彼らは活力に満ち溢れ、肉体的にも精神的にも若々しい状態で戦いに臨んでいます。ビーシュマは116歳で、7日間に渡り激しい戦いを繰り広げました。これは彼らの高い精神性と健康に気をつけた肉体管理、正しい食事と適切な睡眠、そして神を信愛する強い力の賜物です。

アーユルヴェーダでは、体質によって各個人に適した食事の指針があります。

　また、食物の種類と性質が精神に影響を及ぼすこともよく知られており、それらは3つに分類されています。

・サットヴァ食
　ギー（バター）、アマニ油などのような良質の油を多く含む食品、各種穀物類、新鮮な果物、木の実、新鮮な野菜、蜂蜜、メープルシロップ、すぐに腐敗しない自然食品や発酵食品（梅干し、漬物、納豆、味噌、醤油など）。これらは、強くしなやかで健全な精神を作り出すことが出来ます。これらの食材は、霊性の発達に貢献します。

・ラジャス食
　過剰な辛味・塩味・酸味の食物、タマネギやニンニク、コーヒー、清涼飲料水、精製された白砂糖、身体を温める食品や乾燥性の食品の過剰摂取。これらは活動性を増すが、感情の起伏が強くなる傾向があります。

・タマス食
　腐りかけた食品、不衛生な食品、過剰な肉食、アルコール飲料、揚げ物、焦げすぎたもの、レトルト食品、ジャンクフード各種、インスタント食品、化学物質（添加物など）の多い食品。これらの常食は、怠惰になりやすく、自制心を弱らせ、欲望が深くなる傾向があります。

ラジャス食とタマス食を出来るだけ避けて、サットヴァ食を積極的に摂取することにより、心穏やかに、知性や感性を鋭く、心のバランスを良くすることができます。

　これらの食は、気質にも瞑想にも大きな影響を与えます。「ラーマーヤナ」の最終巻（第7巻）「ウッタラ・カーンダ」の中に、ラーヴァナ王と二人の兄弟クンバカルナとヴィビーシャナが、聖なる智慧を得ようとして、何年もの間頑張って瞑想をした話が収録されています。

　三人の瞑想の結果は次の通りでした。クンバカルナは熟睡してしまいました。彼の瞑想はタマス優位だったのです。ラーヴァナ王は野望に燃え、性欲旺盛となりました。彼の瞑想はラジャス優位でした。

　ヴィビーシャナは清らかな生活をしました。彼の瞑想はサットヴァ優位だったのです。

　「もし片手にギーターを持っていたとしても、もう片手にコーヒーやタバコをいつも持っていたとしたら、どうして邪悪なものから逃れることができるのでしょうか」（サティヤ・サイ・ババ）

　「清浄な食物は清浄な心をもたらし、清浄な心は絶えず神に向いている」（チャーンドギャ・ウパニシャッド）

慈悲に溢れる食に対する心構え

　飲酒は、瞑想の妨げになります。日常的な飲酒は、清らかな生活を妨げてしまいます。

　瞑想は意識を明瞭に精妙に、そして高い波長に合わせていくものですが、アルコール飲料は意識を混濁させ粗雑に、そして低い波長にもっていく力を持っています。この力は、瞑想の作用とは、真逆に働いてしまいます。

　酒に酔うことによって、暴力傾向は増大し、性欲などの欲望も煽られます。多くの犯罪の陰にはお酒も少なからず影響しています。

　日常的な飲酒は、惟神の道を歩む人にとっては、足枷のようなものになります。聖者たちは、「真我を悟るためには、まずこの足枷が幸せに導くという誤った妄想に気づき、克服しなければならない」と説いています。

　日本人は、アルコール飲料を日常的に飲みすぎていると思います。飲酒が決して悪いわけではありませんが、少なくとも瞑想の前には飲まないことをお勧めします。

　クリシュナは、ヤーダヴァ族の英雄でした。今回のクルクシェートラの戦いでも、志の高いヤーダヴァ族はクリシュナと共にパーンダヴァ軍に味方しました。クリシュナは、この誇り高きヤーダヴァ族の人々にサットヴァ食だけ

を飲食するように説いていました。

　ところが、クリシュナが地上から去った後、ヤーダヴァ族では祭日に肉を食べ、お酒を飲むようになりました。やがて不浄な食物を食べる習慣は拡がっていき、ヤーダヴァ族の崇高だった精神性は衰退していきました。そして、部族内で殺し合いをする事態へと発展し、一族全体の滅亡を招いてしまったのです。

　マハトマ・ガンディーも、インド国民全体でサットヴァ食を中心に摂る計画をしていましたが、その計画が実現することはありませんでした。

　それでも現在、ヨーガを実践する人々を中心として、サットヴァ食が注目されています。

　現代社会では、コーヒーを飲んで、スマホのゲームで遊び、夜はお酒を飲み、テレビを見るといった生活が当たり前になっています。

　でもそれが、真の至福から遠ざかる行為だとしたら、貴重な地上での時間を無智の中に留めておく行為だとしたら、それでも見直すことはないでしょうか？

　私たちはもう一度、今の生活での一つひとつを、社会的常識に囚われることなく、見直すべき時期にきています。

食に恵まれた国、日本

　東北大学の研究チームが、一昔前の日本食を検証する実験を行っています。

　それは、1975 年頃に食べられていた献立を再現し、現代食と比較して人の健康への影響を調べるという研究です。

　この大学では、先に行ったラットを使った実験で、現代日本食と欧米食による健康状態の違いを研究し、現代日本食の健康上の有益性を証明しています。さらに、マウスを使った実験で、最も健康有益性の高い一昔前の日本食を与えてみる実験を行っています。

　この実験で、1975 年頃の日本食によって、肥満の抑制、加齢の抑制、糖尿病・脂肪肝・認知症の発症を予防し、寿命を延ばすことが出来ました。

　そして次に、人を使った実験を実施しています。1975 年型の食事をした結果、運動能力は向上し、ストレスは減少し、腹部の皮下脂肪の減少、糖尿病の指標であるヘモグロビン A1c の改善など、とても健康に良いということが明らかになりました。

　「つつましく食べ、慎んで語りなさい。口をコントロール出来れば、誰も傷つくことは無い」（北米先住民の言葉）

　人間の身体、特に歯や消化器官の構造を見ると、本来は

菜食主体であることがわかります。人に近い類人猿も、筋骨隆々のゴリラでさえも基本的に菜食です。

　これは腸内細菌の違いによるところも大きいのですが、一般的にゴリラの性格が穏やかなのは食事の影響も大きいと思います。もしもゴリラが、現代人のように肉食中心だったらどうなるでしょうか？　おそらく猛獣になってしまっていることでしょう。人間が「狂ったサル」と呼ばれるのも、食生活が一因です。

　食事の内容は、脳と心に直接影響を与えることが知られています。そして、その脳の影響は精神や感情面にも影響し、それが肉体へとフィードバックされます。

　現代では、食事に含まれる各栄養素が脳に与える影響のメカニズムに対しての研究も進んでいます。

　多くの論文が出ているので、ここではほんの一例をあげておきましょう。

　日本医科大学による715人を対象にした研究で、揚げ物は感情のコントロールを弱くして、うつ状態になりやすくなることが判明しました。研究の結果、揚げ物の消費量が多いほど、逆境に直面してストレスに対処する能力が低下することが判明しています。

　ブドウが、うつの改善によいことは多くの論文によって

示されています。

　また、野菜や果実を中心に食べている人でも、農薬によってうつ状態を誘発することが、20年におよぶ科学的調査で明らかになっています。これは、50年以上前から指摘されていたことです。農薬を撒いた農場の周囲の鳥たちがあまり鳴かなくなるということも、ずっと昔から言われていました。

　実際のところ、農薬の成分が環境中でどこにどのくらいの影響を与え、どう作用するのか、わからないまま製造され、撒かれているのです。

　食事の内容とバランスも心に影響を与えます。

　例えば、朝食に高タンパクの食事を摂った40歳以上の男女の場合は、緊張感と落ち着きの無さが出やすくなります。これはタンパク質が脳のカテコールアミンの分泌を活性化するためとされています。

　ちなみに低タンパク質の食事は、リラックスする作用があります。

　また同じ食事でも、男女による肉体反応の違いもあります。

　例えば、炭水化物を多く摂ると、女性は眠くなり、男性は冷静になります。これは炭水化物の摂取によって脳内の

トリプトファン濃度が上がり、セロトニンが放出されるためとされています。

インスタント食品や菓子類ばかりを欲しがる人は、脳内のセロトニンをはじめとする神経伝達物質の調整不良が起きている可能性も示唆されています。また、インスタント食品や加工食品ばかり食べていると、不定愁訴が増え、免疫力が低下するなど健康上の問題が増えることがさまざまな研究で示唆されています。

人も、外からの情報や自分の舌の満足感に惑わされることなく、自分の心身に合ったもの、自分の身体の細胞が喜ぶものを食べるべきです。

さらには、自分自身のエネルギーを昇華しやすくするものを中心にすべきです。

動物の肉は、動物の意識の波動によって作られています。さらに、屠殺される瞬間に肉体に放つ、強い恐怖や苦悶や怒りや悲しみといった負の波動が残ります。これらの波動は、肉を摂取した人の体内に浸透していくことになります。

私は、何度か屠畜場に視察に行きましたが、あの動物たちが作り出す恐怖の波動と断末魔の悲鳴は、忘れることが出来ません。

　人は、動物の意識の波動よりも高いレベルにあるべきな
のに、動物の肉の波動を摂取し続けることによって、より
低いレベルに留まってしまいます。

　すると、身体と意識の波動の差から、不安感や恐怖感、
緊張感、闘争心が生まれ、やがて純粋知性を濁らせ、純粋
理性を覆い隠してしまいます。いまだに世界中で戦争や紛
争が絶えないのは、食生活にも原因があるのではないで
しょうか。

　動物の優れた特性を学びたいのであれば、動物を殺して
食べるのではなく、大自然の中で活き活きと生きている姿
から、その生き方から、エネルギーを学べばよいのです。

　牛さんのお肉ばかり食べて瞑想すると、マントラ「オー
ム」が「モォーム」に変わってきてしまうかもしれません。

　世界中にはさまざまな気候があり、地域によっては、そ
の地で採れる食材が大きく変わります。アラスカやチベッ
トの高地のような植物の充分に生育できない寒冷な地や中
近東の砂漠地帯のように野菜が生育出来ない地では、植物
性の食材はとても貴重であり、食事のエネルギー源の多く
は動物の肉を中心としたものになります。

　そのような環境下でも、慈悲に溢れる食に対する心構え
によって、霊性を高く昇華していくことができるのです。
それはその土地の性質と体が馴染み、さらに、食事の物質

的な波動よりも、エネルギー的な波動と人の心構えが創る
エネルギーの方が優っているからです。

　砂漠や寒冷地や高地などの過酷な土地で生き抜く人たち
と比べると、日本は、気候的にも食材的にも、とても恵ま
れた国であることがよくわかります。

　実は、瞑想を行う時には腸の健康状態が大きく関わって
くるのです。

　腸管には約一億もの神経細胞があり、脳に次いで神経が
多い組織となっています。

　腸と脳は、腸脳相関という神経ネットワークを持ち、腸
が身体のさまざまな臓器と連携を取り合っていることが明
らかになっています。

　健康な腸は、全身、特に脳に大きな影響を及ぼします。
あまり知られていないことですが、至福感を感じるセロト
ニンというホルモンも、その90％が腸管で生成されていま
す。残りは、血液中の血小板で8％、脳内で2％が生成され
ています。つまり、心の平安に最も関連するホルモンは、
主に腸で作られているのです。

　健康な腸を維持している人は、瞑想を深く質の良いもの
にすることが出来ます。

　さらに腸内には、多様性に富んだ常在細菌叢が生息して

いて、それらが腸内で一つの自然界を形成し、心身の健康維持に大きな貢献をしています。

　森の中では、あらゆる植物、微生物、昆虫、空気、水、すべてのものが有機的に繋がり合い、一つの生きた生命体のように活動しています。それと同等の大自然が自分自身の腸内にあるのです。

　この腸内細菌叢を美しいバランスで保つ秘訣は、食事にあります。つまり、食生活によって、腸の健康状態は大きく左右されるのです。医薬品、特に抗生物質の過剰摂取は、腸内細菌叢に悪影響を与えます。

　日本人は、穀物を口にすると書いて「和」の国というくらいですから、風土的にも菜食が中心の民族です。それに加えて、味噌、醤油、納豆、漬物などの発酵食がとても良い影響を与えてくれる食材になります。

食の内容以上に重要なこと

　では、全く動物の肉を口にしないならそれでいいのでしょうか？

　清浄な食物も、食事の際の私たちの心構え一つで波動の低いものへと変わってしまうことが知られています。

　食生活が正しい人でも、日々の生活の中で悪い思いを抱いたり、自分勝手な言葉を発したり、自然の摂理に反する

行動があれば、それらはジャンクフード以上に生体に害を及ぼすことは知っていただきたいと思います。

　エドガー・ケイシーは、食べるときの心の状態が悪ければ、食品は毒に変わると明言しています。またサイババ大師は、食事の時に、悪い感情を持っていたり、心を乱すような内容のテレビを見ながら食べても、体に害を及ぼすと語っています。

　「不安と怖れは健康な肉体にとって最大の敵であり、体内で消化吸収されたものを、肉体にとっての命を与える生命力に変えるよりも、排せつされなければならない毒素に変えてしまう」（エドガー・ケイシー 5497-1）

　また調理する人の心が食事に転写されていることは、ほとんどの人が意識していません。

　昔、霊性修行を真摯に行い、とても清らかな魂を持ったヨーガ行者がいました。彼は、瞑想のレベルもとても高い境地にいました。

　ある時、彼が瞑想をしていると、自分の体から言いようもない凶暴な衝動が湧き上がってくることに気が付きました。彼は、その憎しみに満ちた凶暴な感情を抑えようとしましたが、止めることが出来ませんでした。彼は、自分でも何故そのような凶暴さが自分の内側から生じてしまうの

か、理解できませんでした。

　後日、その理由が判明しました。凶暴な感情が湧き上がる日の托鉢でもらった食事が、衝動的に殺人を犯したばかりの人が調理したものだったのです。その人の憎しみに満ちた感情の波動が、調理した時に食事にそのまま入って食べた人へ影響していたのでした。

　身魂磨きを行う人たちは、食事を調理する人の心の波動は、そのまま料理に反映されることを知っておくべきです。

　クリシュナが、和平交渉のためにドリタラーシュトラ王の宮殿を訪れた時、宮殿内にある賢者ヴィドラの館に滞在しました。宮殿では、クリシュナをもてなすための豪華な食事が用意されましたが、クリシュナが口にすることはありませんでした。

　同じく賢者ヴィドラも、兄のドリタラーシュトラ王の宮殿の敷地に住んでいながら、宮殿の食べ物を口にすることは一切ありませんでした。これは聖者たちが、食べ物の波動をよく理解していたからです。

　三楽聖の一人として著名な、バラモン階級出身の南インドの作曲家ティヤーガラージャは、食事を厳密にサットヴァ食に限定し、さらに自宅以外で食事をすることは決し

てありませんでした。

　それは崇高な音楽を創るために、出来る限り自分の身体を清浄な状態に保ち、食物から引き出された力を神聖な目的へと向けたいという意図があったからです。そのために「食物は、清潔で純粋なもの、純粋な手法で調理されたものにすべきである」という規律を、生涯にわたって厳格に守ったのです。

　正しい食事や食材料でも、食事の量によっては病気の原因になることもよく知られています。過食は、それがいくら素晴らしい食材であっても、多くの問題を引き起こすことは周知の事実です。

　瞑想を食後すぐに行うことが出来ないのは、食を消化することにエネルギーが使われているからです。これがもし過食であれば、当然のことながら質の良い瞑想を行う時間は無くなってしまいます。

　もともと生き物の体は、必要以上に多くの食べ物を摂取しなくても生体が維持できるように作られており、逆に過食によって吸収された後に体内で発生する老廃物を充分に処理できなくなり、病気の原因となります。

　食べ過ぎは、財布への負担だけでなく、身体への負担も大きいのです。さらに、物質レベルでもエネルギーレベル

においても、食への強い執着は体を汚すということは覚えておいた方がよいでしょう。

　週に一回の断食は、身体を浄化し、自然治癒力を高めるためにとても有益です。断食で大切なことは、空腹感を無視して、意識を神に向けることです。これによって魂の力も強めることが出来ます。

　断食は、サンスクリット語で「ウパヴァーサ」と言います。ウパ（近くに）ヴァーサ（生きる）、つまり神の近くで生きることを意識するという意味です。これは食材を調達して、調理して、食べて、排泄するという一連の時間を、神と共に過ごす時間に変えるとう意味が込められたものです。

　ラーマクリシュナ大師やカビール大師、ヴィヴェーカナンダ大師など、多くの偉大な聖者たちは、至福の中で人生を過ごした方々ですが、時に食べる物が全く無いような状況になることがありました。

　でも大師たちは、その状況を神と共に過ごす最高の時間を神から与えられたものとして、断食を楽しんだことが伝えられています。

　また、大師たちは時に豪華な食事に招待されることもありました。そんな時にもまた、神が断食の補填として与えてくれたものとみなして、食事を楽しんだそうです。

世界最大のイカ、ダイオウホオズキイカをご存知でしょうか？

　その体長は、マッコウクジラよりも遥かに大きな生物です。

　ロードアイランド大学とリスボン大学の調査チームが、ダイオウホオズキイカの生態を研究したところ、驚くべき事実が判明しました。推定体重500kgという巨体のダイオウホオズキイカが、たった5kgの魚一匹を食すだけで、200日間の生命活動に充分であることがわかったのです。

　クジラを襲うといったイメージの強いダイオウホオズキイカは、自分から積極的に獲物を襲うことはなく、やってきた獲物だけを捕まえて食べていました。驚くことに、少食で優しいイカだったのです。

　それと比べて、人間はどうでしょう。体重50kgであっても、毎日大量の動植物を食べています。本当は、もっと少食でいいのではないでしょうか。

　南米エクアドルには、ビルカバンバという長寿地域があります。ここは、コーカサス（グルジア共和国）、フンザ（パキスタン）と並んで、世界三大長寿地域と言われています。ビルカバンバは、現地の先住民族の言葉で「聖なる谷」という意味があります。

　この谷に住む人々は、とても健康であり、ほとんど病気

にならないといわれています。一昔前は、多くの人が120歳を超えても、毎日10時間働いていたといいます。

　彼らの食事は、先進国の人の半分程であったそうです。ある人が、この土地の空気はとても清浄で美味しいと言っていたのも印象的でした。呼吸は、健康にとても重要だからです。

道元禅師と食

　曹洞宗の開祖である道元禅師は、食をとても重要視していました。

　道元禅師は、「典座教訓」「赴粥飯法」という、食に関する二冊の書を記しました。

　典座とは、禅寺の重要な役職の一つであり、寺での食事や供膳を司る台所役（料理係）のことです。「典座教訓」は、道元の初期の頃の著作であり、はじめから食事の大切さを強く感じていたことがうかがい知れます。

　道元禅師は、幼少の頃に両親を失っています。その影響が、食生活にも及んでいたのかもしれません。

　道元禅師が留学のために宋の港に到着した時のこと。

　禅師は上陸許可を得るために、船に留まっていました。

　すると、停泊中の船に、日本の椎茸を求めて中国の高齢の僧が乗り込んできました。その僧は修行道場の食事係（典

座）で、日本から船が来るというのを聞きつけて、僧たち
に美味しい料理を食べさせようと、食材を探しに遠くから
やってきたのでした。

　道元禅師はその僧から中国の仏法についていろいろと
聞きたいと思い、「今日はここに泊まっていかれませんか。
私はあなたにご供養したいのです」と誘いました。ところ
がその僧は、「私は食事の準備があるから、ここに留まる
ことは出来ない」と、堅く断るのです。
　禅師は「食事の用意などは新入りの若い僧にまかせれば
よいでしょう。あなたのような修行を積んできた高齢の僧
が、坐禅や仏法の議論よりも、食事の準備を優先されると
はどういうことなのでしょう？」と言いました。
　すると高齢の僧は、「日本から来た若い人よ。あなたは
修行とは何であるかが、全くわかっていないようですね。
でも、あなたならいつか、よく理解する時がくるでしょう」
と言いました。

　実はこの当時の日本では、食事の用意などは、修行では
なく面倒な雑用だとみなされていたのでした。道元禅師が
理解できずにいると、高齢の僧は「理解できないようでし
たら、いつか私のいる阿育王山へいらっしゃれば、ゆっく
りとお話しいたしましょう」と言い残して、去っていきま

した。

　禅師は、「私が修業とは何かを知り得たのは、この典座老師のおかげである」と後に記しています。

　その後、中国に上陸した道元禅師は、各地を巡って修行を続けていきました。

　ある時、天童山で修業中に、年老いた僧が夏の炎天下の境内で、ふらふらになりながらも必死で食材を干していました。その辛そうな様子を見て、禅師は声をかけました。

　「あなたは今何歳になられたのでしょうか？」

　「六十八歳だ」。

　禅師はその年齢に驚き、老僧をねぎらって言いました。

　「猛暑できついでしょうから、誰か若い僧にさせるか、せめてもう少し涼しい日にしたらいかがでしょうか？」

　すると老僧は、こう答えます。

　「他は是れ吾にあらず。さらにいずれの時を待たん」。

　「これは自分の仕事であり、自分の修行である。他の人に自分の修行をやらせるというのか？　さらに今やるべきことを、先延ばしにしていつやるというのだ」という意味です。

　道元禅師は、この言葉にとても感銘を受けたといいます。

　このような経験を経て、禅師は典座の重要性をさら

に確信し、食の在り方を学び、熟成させて帰国したのでした。そして、食事を仏道の修行として見なすことを「法等食等」として強調しました。

　道元禅師は24歳で中国に渡り、28歳で帰国しました。
　帰国後にまず述べたのは、「空手還郷、眼横鼻直」という言葉でした。
　「空手還郷」とは、何も持たずに帰ってきたということ。
　「眼横鼻直」とは、眼は横につき、鼻は縦についているということ。
　つまり、「当たり前のことに心を込める、そこに道がある」ということです。私たちが当たり前に日常生活で行っているすべての所作、食べている食事などを、当たり前のことと思わずに毎瞬しっかりと意識して生きてみる。日常の当たり前の行為に心を込め、当たり前のことに心を寄せる。それが霊性進化の近道だということを、人々に説いたのです。

　「典座教訓」には、食を作り、提供する上での大切な心構えがきめ細かく記されています。以下は、そのほんの一部になります。
◇命を授けてくれた食材に対する敬意をもって、命の尊さをしっかりと噛み締め、無駄なく活用させていただき、

終始一貫して丁寧に扱うこと。どんな食材であっても手を抜かないこと。

◇食を作るための道具を大切に扱い、いつも整理整頓しておくこと。

◇料理を食する人の体調や気持ちを思いやりながら、調理すること。

◇調理する時には、手間と工夫を怠ることなく、楽しく心を込めること。

　調理は、「理を調える」と書くように、命ある食材を使って、一つの料理という芸術に昇華していく作業です。

　料理も同様に、「料（素材）を調える」と書きます。また料理には、物事を思いやり成し遂げる、上手くことを運ぶという意味もあります。

　典座の心得には、三つの心が記されています。

・喜心：作る喜び、おもてなしの喜び、修行になる喜ぶ心

・老心：食する人や食材への感謝など老婆心（母が我が子を思う心）のような優しい心

・大心：好き嫌いや差別なく、広く大きな心を持って、調理する心

　これら三つの心が有機的な繋がりを持ち、バランスがと

れてこそ、素晴らしい調理になり、美味しい料理が完成します。

　食べる人たちの心構えを記した「赴粥飯法」については、すでに前章までで述べた通りです。
　中でも第3章で紹介した、唐の南山大師道宣が著した「四分律行事鈔」をその典拠とした「五観の偈」はよく知られています。
　五観の偈は、米国の医科大学付属病院の糖尿病病棟で、患者さんたちが食事の前に唱えることが採用されたという話を聞いたことがあります。その結果、血糖値が平均して約一割下がったそうです。

　五観の偈の他に、「三匙の偈」というものもあります。

◇三匙の偈
一口 為断一切悪　すべての悪を断ち切るために
二口 為修一切善　すべての善を行うために
三口 為度諸衆生　すべての衆生に善いことをするために
皆共 成佛道　　　皆が共に仏の道を歩めるように

　「偈」とは、短い詩を意味します。偈を唱えることで、日常的に当たり前のように行っているさりげない行為を、

深く意義深い体験にしてくれます。

　自分でオリジナルの偈を創ることもできます。

　例えば、歯磨きの偈を創作してみましょう。

・歯磨きの偈

　歯を美しく磨きます。

　この口から出るすべての言葉を美しくするために。

　この口に入るすべてのものを美しいまま体に取り入れられるように。

　この口が沈黙している時にも清らかでいられるように。

　どうでしょう？　ただ歯を磨くだけよりも、この偈を唱えることによって、歯磨きがより丁寧に深い意識を楽しめることと思います。

食事は神聖な捧げもの

　インドでは、食事の際に、飲食するものはすべて「ナイヴェーディヤ（神聖な捧げもの）」として神に供える気持ちを持つことが大切とされています。このような気持ちで摂取された食事は、清浄な霊体を創る「プラサード（聖なる賜物）」となります。

　食事をする時には、神聖な食べ物を自分の体内の消化す

る火にくべる気持ちでいると、お腹と同時に心も満たされることが感じられます。実際に、食事は神聖な内なる護摩焚きなのですから。

　身体は、神を祀る寺院として
　腹は、祭壇の中央に置かれた火壇として
　食物は、護摩行で火にくべられる供物として
　ハートは、供物を受け取る神の座として
　神聖な儀式とするのです。

　内なる護摩焚きは、これ以降の章で解説する究極の護摩焚きへと繋がっていく行為となります。

　バガヴァッド・ギーター第４章24節は、食事の前のお祈りとして唱えられています。

brahmārpaṇaṁ brahma havir
　ブランマ（ハ）ールパナム　ブランマ　ハヴィヒ
brahmāgnau brahmaṇā hutam
　ブランマーグナゥ　ブランマナ　フタム
brahmaiva tena gantavyaṁ
　ブランマィヴァ　テーナ　ガンタッヴィヤム
brahma-karma-samādhinā
　ブランマ　カルマ　サマーディナー

68

　「ブラフマンは供養である。ブラフマンは供物である。ブラフマンの火にブラフマンによって捧げられる。ブラフマンだけを意識して行動する者は、ブラフマンのもとに行く」。

　このお祈りによって、目の前の食事から不純なエネルギーがすべて取り除かれて、とても清らかなものとなるとされています。

　同じように、第15章14節も、食事の前のお祈りに使われます。

ahaṃ vaiśvānaro bhūtvā
　　アハーム　ヴァイシュヴァーナーロー　ブットゥワー
prāṇināṃ deham āśritaḥ
　　プラーニナム　デーハマーシュリタッハー
prāṇāpāna-samāyuktaḥ
　　プラーナ　アパーナ　サマーユクタッハー
pacāmy annaṃ catur-vidham
　　パチャーミャンナム　チャトゥールヴィタム

　「私は全生命体の体内にある消化を司る火であり、出入りする生命の氣（プラーナ・アパーナ）と一つになって、私は四種類（すべて）の食物を消化する」。

ここでいう四種類とは、歯で咀嚼するもの、咀嚼なく飲み込めるもの、舌で舐めるもの、飲む液体のことです。

　インドには、他にも古くから伝わる食前のマントラがいくつもあるのですが、ここではもう一つだけご紹介しておきましょう。

Annam Brahmā　アンナム・ブラフマー
Raso Vishnuh　ラーソ・ヴィシュヌ
Bhoktā Maheśvarah　ボクター・マヘシュワラー

　このマントラは、「食べ物はブラフマー神、飲み物はヴィシュヌ神、食事を食べる人はマヘシュワラー（シヴァ神）」という意味です。
　食事をご神事とみなして、食事に感謝するとともに、食事を清浄化し、食事を摂る人を真理と神の加護によって守ってもらうという意味が込められたものです。

　「食べる前には、いつも食べ物に感謝する時間を取ることだ」（北米先住民アラパホ族）

　日本には「一粒の米には七人の神様がいる」という言葉があります。穀物など収穫物はそれだけ尊いものであり、

食物は神様として扱われていたのです。

　ちなみにこの神様は、大地（地）、水、太陽（火）、風、空の五大元素に加えて、生き物と人です。他にも、大国主命の御子神七人であるとか七福神であるとか、いくつかの説があります。

　いずれにしても、この言葉を思うと、いつもいただいているお米が、大地と太陽光、雨、風、農家の人々、料理する人などさまざまな働きが繋がって、お茶碗の中にあるという奇跡に、感謝する気持ちが生まれてきます。

　日蓮は、「あなたが供養した米は、米ではなく、あなたの命である」（事理供養御書）と言いました。

　これは、自分の命も他人の命もお米も、不可分の繋がりを持った貴重なものであることを示しています。

　常に現場での実践を活動の主体とし続けた二宮尊徳は、お米について次のように述べています。

　「春種を下ろしてより、稲生じて風雨寒暑を凌ぎて、花咲き実り、またこきおろして、つき上げ白米となすまで、此の丹精容易ならず実に粒々辛苦なり。其の粒々辛苦の米粒を日々無量に食して命を継ぐ。其の功徳、また無量ならずや」（夜話163）

　一粒のお米を育てて食するまでの膨大な努力と、お米を

いただくときの深い感謝の気持ちが込められています。私は、すべての人がお米や野菜を育てる体験をすれば、日本の食生活はより良く変化していくと思います。

食に対する心構えと所作は瞑想そのもの

　食事の前と後に、きれいな布巾で食卓を吹くことを浄巾（じょうきん）と呼びます。食前はきれいですが、心を込めて拭くことによって食事をする場が浄化されます。

　また、食事の最初に、食器を包みから広げる時に唱えるのは、展鉢の偈（てんぱつ）です。

◇展鉢の偈前半

仏生迦毘羅（ぶっしょうかぴら）　仏は迦毘羅で生まれ
成道摩掲陀（じょうどうまかだ）　摩掲陀で悟りを開き
説法波羅奈（せっぽうはらな）　波羅奈で説法し
入滅拘稀羅（にゅうめつくちら）　拘稀羅で入滅した

　前半の四句は、「聞槌想念 偈」（もんついそうねん）とも言われ、釈迦大師の生涯であり、転機となったのが食であることも示唆されたものになります。

　迦毘羅では母乳で成長し、摩掲陀ではスジャータの御粥で悟りを開き、波羅奈では心の籠った托鉢の御布施で生き、拘稀羅ではチュンダの食事で入滅へと向かいました。

72

◇展鉢の偈後半
如来応量器　釈迦大師がお使いになった食器（応量器）
我今得敷展　今私が広げることのできる有難い幸せ
願共一切衆　願わくはこの食に関わるすべてのものと共に
等三輪空寂　三輪（施主と施される私と、施物である食事）
が清浄で無我の境地に至りますように。

　食器一つからでも、限りない敬意と感謝を感じる偈にな
ります。
　禅では、親指、人差し指、中指の三本を「浄指」と呼ぶ
ことがあり、食事に際しては、できるだけこの浄指を中心
に食器を扱うことになりますが、それは食器をとても丁寧
に大切に扱うことに繋がっています。

　禅寺においては、生飯といって数粒を野鳥たちのため
に残したり、食べ終わった入れ物にお湯やお茶を入れてき
れいに洗いながら飲み干したり、お米のとぎ汁も料理や掃
除、草木の栄養剤として活用するなどしています。すべて
は循環の輪の中に在るということを自覚することに繋がり
ます。
　生飯を野鳥に施す時には、出生の偈が唱えられます。こ
れは実際に分かち合う野鳥だけでなく、生きとし生けるも
のすべての生物と職を分かち合う心を示しています。

◇出生の偈

汝等鬼神衆
（にょとうきじんしゅ）　鬼や神たちへ

我今施汝供
（がこんせにょく）　私は今、施しを供物として捧げます

此食遍十方
（しじきへんじっぽう）　この食を全世界へ行き渡るように

一切鬼神供
（いっさいきじんく）　すべての鬼と神に捧げます。

　料理に使った水に対しても、折水（洗鉢）の偈を唱えます。

◇折水の偈

我此洗鉢水
（がしせんばっすい）　私のこの鉢を洗った水は

如天甘露味
（にょてんかんろみ）　天の甘露の味の如く

施与諸鬼衆
（せよきじんしゅ）　鬼神衆に施しを与えて

悉令得飽満
（しつりょうとくぼうまん）　ことごとく飽満を得せしめん

唵摩休羅細娑訶
（おんまくらさいそわか）　（マントラ）

　釈迦大師は、食事の理想を花の蜜を集める蜜蜂に喩えています。

　この蜜蜂の喩えは、「遺経」の一節に、「如蜂採花　但取其味　不損色香」と記されている他、「仏本行集経」や「仏所行讃」にも同様の記述が残されています。

　「蜜蜂が花から蜜をいただく時に、ただその蜜だけを採り、花びらを傷つけることもなく、花の色や香りを損なうこともない」。蜜蜂は僧侶のことを、花の蜜は食事のこと

を意味しています。

　花びらには、耳のような機能があります。細かい空気の振動を花びらがキャッチして識別し、その情報を植物体に伝えているのです。

　イスラエルのテルアビブ大学では、メマツヨイグサを使った研究で、花粉を媒介する昆虫が花に近づくと、その昆虫の羽ばたきの振動を花びらが感知して、数分以内に植物は花の蜜の糖の濃度を一時的に増加させることを確認しています。

　昆虫が花にやってくる時に、花は蜜を最高に甘くしてもてなすのです。蜜蜂は、優しく花びらに下り立ち蜜をいただきます。その時に、繊細な花びらを一切傷つけることはありません。

　江戸時代の禅僧である良寛の詩に、次のようなものがあります。
　「花無心招蝶　蝶無心尋花　花開時蝶来　蝶来時花開」
　花は無心で蝶を招き、蝶は無心で花を尋ねる。花が開く時に蝶は来て、蝶が来る時に花が開く。

　花も蝶もエゴが無く、自然の摂理に従い共生している様子が、人のあるべき姿勢として詠まれています。

熟練した高い境地にいる禅師たちは、まるで巨樹が太陽光や雨水や大地の栄養をやってくるままにすべてを受け止めて成長していくように、食べる物が自分にやってくるかのような心でいるそうです。

　実は、これらの食に対する一連の心構えと所作は、瞑想そのものとなっていきます。
　同じように、お茶を飲む行為、歩く行為、座る行為、朝起きて顔を洗う行為……、あらゆる行為の中で、心と身体の繋がりを意識して観ると、日常生活に深みが出てくることに気が付くことでしょう。
　さらにそれが日常の瞑想にも活かされ、さらには日常生活自体が瞑想化していく助けとなっていきます。

　「神はまた言われた、「わたしは全地のおもてにある種をもつすべての草と、種のある実を結ぶすべての木とをあなたがたに与える。これはあなたがたの食物となるであろう」
（創世記1：29）

　「だから、飲むにも食べるにも、また何事をするにも、すべて神の栄光のためにすべきである」（コリント人への第一の手紙10：31）

「イエスはこのように、どんな食物でも清いものとされた」（マルコによる福音書7：19）

「美食は剣よりももっと多くの人を殺す」（フランスのことわざ）

「牛のもの食べると牛のようになるぞ」（日月神示　天つ巻）

「四つ足を食ってはならん、共食いとなるぞ。草木から動物生まれると申してあろう。臣民の食べ物は五穀野菜の類であるぞ」（日月神示　碧玉之巻）

「獣の食い物食う時には、一度神に献げてからにせよ」（日月神示　天つ巻）

「日本には、五穀、海のもの、野のもの、山のもの、みな人民の食いて生くべきもの、作らしてあるのぢゃぞ。日本人には肉類禁物ぢゃぞ」（日月神示　梅の巻）

「日本は神国と申して昔から至精至浄を専一と致して神に仕え、政治を行うた国であるから、……（中略）……肉食をしたものは神の御前に出仕事は許さぬ国であるか

ら、日本人は何処までも五穀野菜と鮮魚（うみざかな）より外のものは口へ入れる事は許していない……」（出口王仁三郎／伊都能売神諭（いづのめしんゆ））

「自然界の生命は、すべてが複雑に絡み合っていて、人間の責任は人間同士を超えて、草原の動物や空を飛ぶ鳥にまで及びます。無抵抗な、か弱い存在たちに苦痛を与えることは、何としても阻止しなくてはなりません」（シルバーバーチ）

「最も優れた人々は、はかない物事を捨て去り、永遠の栄光を選ぶ。しかし、多くの人々は、家畜のように腹一杯食べることを選ぶ」（ヘラクレイトス）

「食べ物をあなたの薬にして、薬をあなたの食べ物にしなさい」（ヒポクラテス）

「食べ物を選ぶように、言葉も選べ」（アウグスティヌス）

「優秀さは修練と習慣の賜物である。私たちは美徳と優秀さを持っているから正しく行動するのではない。正しく行動するから美徳と優秀さを身につけることができるのだ」（アリストテレス）

「愛が香料として料理に入れば、何人（なんびと）をも喜ばせる」（ティトゥス・マッキウス・プラウトゥス）

「道心の中に衣食あり　衣食の中に道心なし」（最澄／伝述一心戒文（でんじゅついっしんかいもん））
　道心とは、仏の道を学び実践すること。

「酒肉を多く食し肥えたる者は、出世栄達無し、慎まざる者老年凶なり」（水野南北）

「果物を食べる時は、その木を植えてくれた人のことを思いなさい」（ベトナムのことわざ）

「あらゆるものの精髄は地である。地の精髄は水である。水の精髄は植物であり、植物の精髄は人間である」（チャーンドーギヤ・ウパニシャッド）

「霊人の食事……食べるということは、霊人と霊食とが調和し、融け合い、一つの歓喜となることである」（日月神示　地震の巻）

「眠り過ぎる者にも、不眠を続ける者にも」
　睡眠は適切な時間が必要です。

眠りすぎも、睡眠不足も、心身の機能に支障をきたします。

　適切な睡眠がとれていない人は、瞑想の質も低下します。瞑想では、意識が明晰になる状態になっていくはずが、睡眠障害があると意識が不明瞭のままになってしまうからです。

　よく瞑想中に眠くなってしまう人もいます。この場合には、心が穏やかになっているという点では良いのですが、いくつかの改善すべき点があるという印になります。

　眠いまま瞑想を続けても、心穏やかになるにも関わらず、生命エネルギーの循環が滞ったままになり、本来の瞑想の効果は得られなくなってしまいます。

　眠くなるということは、寝不足や寝過ぎ、食べ過ぎ、過労、体調不良など、日々の習慣でバランスがとれていない可能性があります。一つひとつ検証して、改善していくと良いでしょう。特に睡眠の時間や質は、改善すべき課題となります。

　米国で行われた100万人規模の調査では、短時間睡眠の人も長時間睡眠の人も、6年後の死亡率が平均的な睡眠時間の人たちよりも高くなることが明らかにされました。

　また、さまざまな研究によって、睡眠不足が肥満や糖尿

病、高血圧、認知症など多岐にわたる病気に罹患しやすく
なることも報告されています。

　適切な時間で質の良い睡眠をとれば、覚醒時に最高のパ
フォーマンスが期待できます。
　一日の約三分の一の時間の質が、残りの三分の二の時間
の質を左右することになります。眠りの時間と質によって、
睡眠を味方につけるか、敵に回すかが決まるのです。

　人は生まれながらに時計遺伝子を持っていて、その遺伝
子によって一日24時間のリズムを学習し、体内時計とし
て定着させています。
　例えば、朝7時に起床すると、起床時間の14時間後か
ら睡眠と関連する脳内物質メラトニンが生成され始めて、
その2時間後から分泌が始まります。そのため午後11時
になると強い眠気が始まる仕組みになっています。このよ
うな生体内のリズムを無視した不規則な生活は、睡眠に悪
影響を及ぼすことになります。

　車を運転する人はよくわかると思いますが、飲酒運転よ
りも睡眠不足による運転の方が、はるかに危険です。それ
はすべての脳の機能が著しく低下するからです。
　睡眠不足の人は、日中でもマイクロスリープという1秒

から 10 秒程度の超短時間睡眠を繰り返すことがわかっています。多くのマイクロスリープは、実は本人も気が付いていません。時速 100km の高速道路を走行しているとすると、10 秒の走行距離は約 280m になります。280m もの距離を意識が無い状態で運転していることになるのです。

　日本人は世界で最も睡眠時間が短いことが、統計的に知られています。米国の大学の調査では、約 100 ケ国中で睡眠時間が最も短い国は日本でした。
　この短時間睡眠は、長い睡眠が必要ないからというよりも、目覚まし時計を使って強制的に起きている人が多いことによるものだと言われています。電車内で寝ている人が多いのも日本特有の現象ですが、これは睡眠不足や口呼吸による睡眠による睡眠の質の低下が原因かもしれません。
　睡眠不足も慢性化すると、自分ではわからなくなってしまうものです。そのため一般的に、睡眠不足が「睡眠負債」という状態になってしまっています。睡眠負債は、日常生活におけるパフォーマンスを著しく低下させます。適切な睡眠をとることはとても大切です。

　睡眠には、レム睡眠とノンレム睡眠の二つがあり、これが交互に繰り返すことになります。
　睡眠は、ノンレム睡眠から始まります。眠りに落ちてい

く時、脳はアルファ波を示しますが、これはまだ大脳皮質
が起きている状態で、意識はまだ残っているものの、身体
がリラックスする状態です。ちょうど瞑想に入る時の脳波
と同じようなものになります。

　アルファ波が消失すると、レム睡眠となり、完全な睡眠
状態に入ります。この状態では、身体のメンテナンスが行
われます。毛細血管は拡がり、各細胞に栄養分が供給され、
免疫系の調節やメンテナンスに必要なホルモン分泌なども
行われます。

　睡眠サイクルを担う主なホルモンは、夜眠る時にメラト
ニンが分泌され、寝ている時には成長ホルモン、夜明けか
らはコルチゾールが分泌されます。

　ノンレム睡眠では、眠りの深さによって、浅い N1、中
程度の N2、深い N3 の三段階に分類されています。寝不足
や夜更かしなどでは N3 まで到達できないこともあり、こ
れは日中のパフォーマンスに影響を与えてしまいます。睡
眠の恩恵を最もよく受ける時間帯は、夜 10 時から夜中 2 時
ころとされています。

　40 歳を超えてくるころから、脳機能の老化によって N3
期が急速に減少していきます。N3 では、脳波がガンマ波
を示します。これは瞑想の達人たちが到達する脳波でもあ

ります。

　そしてまたレム睡眠に移行します。脳波は、ベータ波や
シータ波を示します。身体は深い休息のまま、脳は活動し
て夢を見ている状態になります。レム睡眠中は、記憶の整
理を始め、脳機能のメンテナンスが行われます。

　こうしてレム睡眠とノンレム睡眠が交互に起こります。
朝に近づくにつれて、レム睡眠が優勢となります。

　先ほども言及したように、加齢に伴い、睡眠の質も変化
していきます。若く健全な睡眠では、眠っている途中で目
が覚めることは少なく、深く長く眠ることが出来ます。歳
をとるにしたがって、夜中に目が覚めやすくなります。

　睡眠の質は、瞑想と運動によって、若返らせることがで
きることが証明されています。瞑想を日常的に実践する人
では、レム睡眠が長く、夜中に目が覚めにくくなり、深い
眠りへと導かれます。ノンレム睡眠の中でも周波数の低い
徐波成分と呼ばれる脳波が中心となる徐波睡眠も増強され
ます。

　現代社会では、睡眠薬を使用している人も驚くほど多い
のですが、睡眠薬を服用する前にやるべきことはたくさん
あると思います。

　適切な睡眠時間には個体差があるため、理想的な睡眠時

間は決めることが出来ません。

　稀に、超短時間睡眠でも大丈夫な人たちもいますが、彼らはDNAの生体リズムに関係する時計遺伝子ともいうべき部位に変異があることが確認されています。これは過去世からの行いに関連して、このDNA配列を選んできた人たちになります。

　一般的な人は、最低6時間以上の睡眠が必要とされます。

　適切な睡眠時間は人によっても状態によっても異なります。「若いころはよく眠れたのに」という話をよく聞きますが、睡眠も年齢と共に老化します。

　高齢化すると共に、入眠障害、中途覚醒、早朝覚醒、熟睡障害などの睡眠障害の発生率は上がっていきます。これは高齢化に伴い基礎代謝や運動量が減少し、トイレも近くなり、さらに睡眠の質に大きな影響を与えているメラトニンの分泌量が減少していくことによります。

　こうして睡眠不足になると、細胞の再生を助ける成長ホルモンと代謝を司るコルチゾールの分泌が不十分となり、老化や免疫力の低下などがさらに加速することになります。成長ホルモンは、成長期だけでなく、高齢になっても身体を若く保つ大切なホルモンとして少量分泌されています。

身体には、活動と共に老廃物が溜まり、除去されること は誰もが知っていることだと思います。体内の活動により 生じた体内老廃物は、血液とリンパ液によって回収されて 排出されていきます。

　ところが、脳だけは血液脳関門という特殊な関門で守ら れているために、身体とは違う老廃物の除去システムが存 在しています。それは、グリンファティック・システムと 命名された脳独自のリンパ系です。「グリンファティック」 は、脳内のグリア細胞とリンパ系に由来する合成語です。

　人の脳は、1000億もの神経細胞と10兆を超えるグリア 細胞で構成されています。実はこのグリア細胞の役割は、 現代医学ではいまだにあまり解明されていない領域です。

　睡眠中の脳では、グリア細胞が約60%も縮小して脳細 胞間に隙間を形成します。その隙間から老廃物が脳脊髄液 によって排出されて、静脈側の血管周囲腔に流れ出ていく ことが判明しています。

　脳の老廃物除去システムの働きは、眠る姿勢とも関連が あるようです。動物実験では、伏臥位（うつ伏せ寝）より もより深く眠るときの側臥位（横向き寝）の方が、老廃物 の排出が活発化されることも確認されています。

睡眠の質を高めるために出来ること

　通常の眠りでは、照明を消してから眠りの脳波になるまでに約 10 〜 15 分かかります。これよりも寝つきが良すぎる場合には、疲れすぎているか、慢性的に睡眠が不足している可能性もあります。

　布団に入り、横になって、目を閉じると、心拍数と呼吸数がだんだんゆっくりになっていきます。

　同時に交感神経の活動が低下していき、ゆっくりと副交感神経が優位になっていきます。脳も身体もゆっくりとリラックスした状態になっていきます。

　そして、眠りに入ります。

　眠りにつくとき、手足は温かくなり、身体の深部体温は低下します。手足が温かくなるのは、熱放散のためであり、眠る時に靴下をはいていると熱放散が妨害されてしまうために、睡眠の質が悪くなることが確認されています。

　なかなか寝付けない場合に、羊を数える方法が有名ですが、日本人にはあまり良い方法とは言えません。羊が一匹、羊が二匹……と数えるには頭をかなり使うからです。英語圏から来た習慣ですが、英語では、sheep、sheep、sheep……と唱えるので唱えやすく、また sheep（羊）が sleep（眠り）の発音に近いので、眠くなる眠くなるという催眠にもなっているようです。

日本では羊を数えるよりは、聖典を読んでから、目を閉じて、内観する方法の方がお勧めです。またはマントラを唱えたり、呼吸を意識する方法もあります。

　さまざまな呼吸による睡眠導入法も知られています。ここでは「4-7-8呼吸法」という睡眠のための呼吸法をご紹介しておきましょう。

◇4-7-8呼吸法
　最初に、すべての息をゆっくり口から吐き出します。
　まず、4秒かけて鼻から息を吸います。
　次に、7秒息を止めます
　そして、8秒かけて口から息を吐き出します。
　このときヒューっと息の音が聞こえるように息を吐きます。
　これを4回繰り返します。

　米軍が採用している睡眠導入法があります。
　ベッドに横になり、目、舌、顎と顔の筋肉を順番にリラックスさせていきます。
　首、肩、片腕ずつ上腕、前腕、手を順番に力を抜いていきます。
　息をゆっくりと吐きながら、胸、お腹、脚の力も抜いて

いきます。

　10秒間何も考えず、次のどれかのイメージを思い浮かべます。

・快晴の空の元で湖に浮かぶ小舟の上で横になっている。
・真っ暗な部屋の中でハンモックに寝ている。
・何も考えずに頭を空白に保つ。

これを6週間行うと、かなりの効果が見られるとのこと。

　快適な睡眠のために重要な役割を果たすメラトニンは、夜9時から11時に松果体で生成されていきます。この時間帯に、スマホやコンピューターを観ていると目から入るブルーライトの影響でメラトニンの生成が減少してしまいます。特に、部屋を真っ暗にしてスマホを見続けるのはよくありません。

　さらにブルーライトは、身体の自然な体温調節のシステムを妨害し、その悪影響が一晩中続くことも判明しています。

　つまり、自分でも気が付かないうちに慢性的に睡眠の質を低下させてしまう可能性があるのです。

　質の良い睡眠のためには、睡眠の2時間前には電子機器の使用を止めることです。

　スマホでSNSやインターネットの動画などを見ている

と、思ったよりも長時間費やしてしまうものです。それが長い目で見て、本当に有益で必要なものかを常に意識してみましょう。

同時に Wi-Fi 機器などの電波を発する電子機器の電源も切るとさらに良い環境が作れます。

特に就寝前のスマホでの SNS の利用は、精神状態を不安定化し、質の良い睡眠を妨害することがわかっています。総合的に、日常でのデジタルデトックスは、様々な面で有益です。

夜中にトイレに起きてしまう人は、就寝の二時間前から過剰な水分摂取に気を付けます。そして寝る準備が出来たらトイレに行き、その後瞑想してから、眠る直前にもう一度トイレに行ってください。これは「二段階排尿」と呼ばれる方法で、膀胱内の尿を確実に空にすることができます。

寝る前の時間は、聖なる時間とすることが最も優れています。

聖典を読み、調光可能な照明器具であれば照明をやや暗めの暖色系にして、瞑想や祈りを行い、ゆっくりとしたヨーガのアーサナ（ポーズ）・ストレッチ・ゆるい体操・気功などを行い、静かな音楽を聴くなど、心安らぐ時間にします。これらの活動は、実際に心拍数が下がり、筋肉の緊張

がとれることが判明しています。

　夜の瞑想には、蝋燭の使用もお勧めです。現代人は、本物の火を近くでみる習慣が無くなってきているのです。

　ベッドに入ってマントラを唱えることも、質の良い睡眠になることが科学的にも証明されています。

　代表的なマントラである「AUM（オーム）」を唱える研究がいくつかあります。高血圧の被験者たちに就寝前にオームを5分間唱えてもらった実験では、血圧が下がり、心拍数も明確に下がり、睡眠の質が改善されています。

　ちなみに、左の鼻腔からゆっくりと呼吸をすると、血圧と心拍数が下がります。右手の人差し指と中指を眉間において、親指で右の鼻腔を閉じましょう。

　別の研究では、オームを唱えながら機能的脳活動を画像化するfMRIで調べたところ、対照群と比較して、明確なリラックス効果が示されました。

　マントラの詠唱は、脳内において不安に関連した扁桃体の活動を鎮め、自己批判や不安や後悔などを活性化させてしまう脳が無意識かつ自動的に活発になる脳機能ネットワークであるDMN（デフォルト・モード・ネットワーク）の活動を鎮静化することも判明しています。

　マントラ以外でも、神の御名を唱えることもお勧めです。

規則正しい睡眠のリズムも大切です。多くの人は、仕事のある平日は早く起きるのに、休みの日は遅くまで寝ていることがあります。

　これは社会的時差ボケといって、体内リズムのバランスを崩します。

　睡眠で最も大切なのは、最初の90分と言われています。それは最初の90分の眠りが最も深いノンレム睡眠と呼ばれるものだからです。この最初の90分の間は成長ホルモンやプロラクチンなどのホルモンが最も分泌されるため、この時間の睡眠の質が良ければ、その後に続く睡眠の質も良い状態が保てます。

　この睡眠直後の状態では、脳内において記憶の整理が行われます。深い眠りに入っていくときに、とても多くの情報が一瞬にして処理されていく光景をイメージとして見ることも可能です。私はとてもカラフルな情報が超高速で脳内処理されている様子を見ることができます。

　最近の研究では、これを裏付けるように眠りの最初の90分間に、情報が海馬から大脳皮質へと移動し、記憶の整理が行われている証拠を確認したという研究報告もあります。

　先に述べた通り、眠りには二種類があることが知られて

います。レム睡眠という脳が起きたまま身体が眠っている睡眠と、ノンレム睡眠という脳も身体も眠っている睡眠です。

　人は一回の睡眠で、このレム睡眠とノンレム睡眠を交互に4〜5回ほど繰り返しながら眠っています。新生児はレム睡眠が多く、脳が発達していく段階で、ノンレム睡眠が増えていきます。

　夢は、どちらのタイプの睡眠でも見ていますが、一般的には目が覚める直前の夢だけをよく覚えている傾向があります。レム睡眠中の夢は、大脳皮質が活性化しているために夢解釈がしやすく、ノンレム睡眠中の夢は、夢解釈が難しい傾向があります。

　口呼吸は、睡眠の質を著しく下げてしまいます。現在では寝る時に口に張り付ける鼻呼吸テープが市販されているので、口呼吸の人は使用すると良いでしょう。

　第4巻ではアメリカ先住民族の赤ちゃんが鼻呼吸の習慣をつける話がありましたが、成長期の猿を使った研究では、鼻腔を塞いで口呼吸にした猿では歯並びが短期間のうちに悪くなっていくことが観察されています。

　腸内の細菌叢が、生体内の慨日リズムに関与していることも知られています。富山大学の研究者たちが、72,624組

の母子のデータを解析し、お味噌汁と赤ちゃんの関係についての関係性を研究発表しています。

　解析の結果、妊娠中のお味噌汁摂取量の増加と共に、生まれてきて1歳になった赤ちゃんが睡眠不足になる割合は有意に低下していました。

　味噌は優良な発酵食品であり、母親の腸内細菌を整える役割があります。そして母親の腸内細菌は、生まれてくる赤ちゃんの腸内細菌叢にも大きな影響を与えているようです。

　より良い睡眠のためには、他にも出来ることがたくさんあります。

　寝室の環境を出来るだけ快適にすること。

　カーテンを閉め切らないで朝の光が射し込むようにすること。

　目覚まし時計を使う場合には、20分間隔で二度に分けて、一度目は小さな音で覚醒を促す程度にとどめておき、二度目のアラームで起きるように設定する。

　日中に適度に運動する。

　朝日を浴びる。ご来光を眺める。

　森林浴、または出来るだけ自然の中に入る。

　お風呂は眠る一時間半前に入る。

　飲酒の習慣がある場合には、少量だけにする。

　腸に良い食事を心がける。

多種多様な睡眠の形態

　神は、さまざまな生き物の中に多種多様な睡眠の形態を授けました。

　主な動物たちの中で、最も睡眠時間が短いことが証明されているのはキリンです。報告例によって差がありますが、一日約 30 分しか眠らないようです。

　キリンは、体が大きい草食獣のため、食に費やす時間がとても長く、さらに身体の代謝率も低く、肉食獣に対する警戒などの理由から、睡眠時間が短いと考えられています。しかもあまり横になることなく、ほとんど立ったまま眠ることが観察されています。

　シマウマは一日 1 時間程しか眠らないとされ、よくペアになって頭をもたれ合って眠ります。

　ゾウも短く、横になって眠る時間は少なく数日間で 1 時間ほどしかありません。あとは立ったまま眠ります。合計しても、深夜から明け方にかけて 2 時間ほどしか眠らないようです。まる二日間ほど一睡もしないこともよくあります。ただし、動物園で飼育すると毎日 4 〜 6 時間寝るようになります。

　ウマやウシ、ヤギなど中〜大型の草食獣は、基本的に数

時間しか眠りません。

　一時的に全く眠らない動物もいます。皇帝ペンギンの雄は、抱卵する時二ヶ月ほど眠らないことが観察されています。

　類人猿の睡眠時間は、人間とおおよそ同じくらいの7時間前後が多いようです。
　肉食動物も、草食動物と比べると睡眠時間が長い傾向があります。

　最も睡眠時間が長いのは、コアラやナマケモノといった樹上生活を送る動物たちです。
　一日20時間を睡眠に費やします。
　これらの動物の睡眠時間が長いのは、他の動物が食べられない毒性のある植物を食べてるために、消化に時間がかかることによると考えられています。

　ちなみに、パンダは、コアラやナマケモノと同様に、代謝が低く、消化に時間がかかります。エネルギー消費量は、同じ体格の陸上哺乳類の平均の4割弱しかありません。それでも睡眠時間は10時間程です。
　パンダは、竹を主食にする割には腸が短く、内臓も他の哺乳類と比較想定の心臓が8割、肝臓が6割、腎臓が7割

の大きさと小さくて、活動に関係する甲状腺の機能も半分で、体表面の温度もとても低いことが判明しています。

　このため、睡眠時間が必要でも、大きな体を維持するために食事時間を多く費やさなくてはならず、睡眠時間を短くしなければならないのです。ナマケモノは、1日たったの8gくらいの葉しか食べない超少食動物です。

　イルカやクジラ、オットセイ、マナティなど海洋動物は、脳の半分ずつ交互に眠る「半球睡眠」という特殊な眠り方をします。イルカの脳波を測定した結果に基づくと、1〜3時間おきに脳が半分ずつ眠っているようです。これは、海の中でも肺呼吸が必要なためです。

　イルカは、眠っている間半脳だけの活動のため、一定方向に回転する特性があります。北半球に生息するイルカは反時計回り、南半球に生息するイルカは時計回りに回転しています。

　ちなみにマッコウクジラは縦になって寝ます。海洋動物でも、ラッコは眠る時に、海流に流されないように海藻を体に巻きつけたり、二頭で手を繋いで眠ります。

　渡り鳥も、ずっと海の上を飛び続けるために、「半球睡眠」で半分眠りながら飛び続けることが出来ます。また、飛びながら超短時間だけ眠り、降下し始めると目が覚めること

もあるようです。

　例えば、シロハラアマツバメは、アフリカからヨーロッパまで200日間を全く休まずに飛び続けていることがGPSを使った研究から明らかになっています。

　ワニも、外敵の脅威がある環境では片目を開けて眠ります。

　マグロも泳ぎ続ける動物の一つですが、夜になると泳ぐ速度が遅くなり、ほんの数秒の超短時間睡眠が見られるようです。

　冬眠する動物たちは、厳冬期をずっと睡眠に費やします。クマ、リス、ヤマネ、コウモリなどの哺乳類から、カメやヘビなどの爬虫類までさまざまです。

　砂漠の地域では夏眠する生き物も知られています。クマは冬眠中に出産することがあり、冬眠しながら授乳できる不思議な性質も持っています。冬眠中のクマは体温を30℃くらいまで下げることが出来ます。

　北極に生息するホッキョクジリスは、冬眠中に研究者が体温を測定したところ、なんとマイナス4℃でした。

　昆虫類の睡眠はまだ解明されていない部分が多く、「活動期」と「活動停止期」があることがわかっていて、この

活動していない時間が睡眠に当たるのではないかと推測されています。

　虫の睡眠についても研究が進められており、いくつかの昆虫では、哺乳類の睡眠と類似点が確認されています。蜂を使った睡眠を阻害した実験では、睡眠不足のハチは、行動が雑になるという研究結果が出ています。

　微生物や植物にも、睡眠状態と類似した生体活動が活発になるリズムがあります。

　魚類や両生類は、「原始睡眠」という形を取ります。
　爬虫類は、「中間睡眠」として、さらに進化した動物の「真睡眠」とは学術的には区別されています。

　スウェーデンの採掘場で、4億2千万年前のシルル紀の砂岩層から大きな岩石を切り出して岩石を割ったところ、その岩の中央部に一匹のカエルが発見されました。
　そのカエルは、外気に触れた途端に目覚めて動き出しました。常識的に考えると、そのカエルは4億年ほど眠っていたことになります。このような事例は、世界各地で報告されています。
　ヨガナンダ大師は、「究極のヨーガ行者では、生命活動だけを一時的に休止して完全な仮死状態になった肉体は、

半永久的に地中に埋められていても生き返ることが出来る」と述べています。

　魂が神と共に在る時の驚くべき力は、想像を超えた素晴らしいものです。

　人は、基本的に朝起きて、夜眠るという「単相性睡眠」が一般的ですが、哺乳類の多くには、一日の中で複数回の睡眠を繰り返す「多相性睡眠」が多く見られます。

　このような生物の多様な睡眠様式は、人間の睡眠の多様性を拡げる可能性を秘めています。

　人の中にも、極端な睡眠を行っていたケースがあります。
　天才芸術家として知られるレオナルド・ダ・ヴィンチは、4時間おきに15分だけ眠るという習慣があり、睡眠時間は普通の人より、かなり短かったようです。これは、無意識領域からのインスピレーションを、より多く取り入れやすくするためです。
　発明家エジソンの研究室には、いつでも短時間眠れるようにソファが置いてありました。実際に、よく眠っていたそうです。

　ラーマクリシュナ大師は、神を求めるあまり6年間も眠

らなかったとされる記録がある他、長期間に渡り不眠を続けた偉人たちの記録は数多く存在します。

　でもこれは一般的な人には当てはまらない現象になります。起きて活動している間に最高のパフォーマンスが出来るように、自分に最も適した睡眠サイクルを見つけてみましょう。

　「充実した一日を過ごした日は、幸せに眠れる」（レオナルド・ダ・ヴィンチ）

　「主のからだをわきまえないで飲み食いする者は、その飲み食いによって自分にさばきを招く。あなたがたの中に、弱い者や病人が大勢おり、また眠った者も少なくないのは、そのためである」（コリント人への第一の手紙11：29-30）

　「眠り過ぎてはならない。勤勉に務め、目覚めているべきである。怠惰と偽りと談笑と遊戯と淫らな交わりと身の装飾を放棄しなさい」（釈迦大師／スッタニパータ）

yuktāhāravihārasya yuktaceṣṭasya karmasu

yuktasvapnāvabodhasya yogo bhavati duḥkhahā 6.17

「適度に食べ、適度に体を動かし、適度に行動し、適度に睡眠と目覚めをとる者にとって、ヨーガは苦しみを根絶するものとなる。(17)」

　もう一度、適切な食と活動、睡眠、時間の使い方の重要性が強調されています。

　ここでは、日々の行為のすべての面において、適度に行う、偏らないことの大切さを語っています。調和とは、どこの部分にも過度のストレスがかからない状態です。

　「求道者は、適度に眠り、適度に食すことでプラーナを制し、プラーナの力が消えたなら、鼻腔からそれを外に出しなさい。そしてその後に、求道者は暴れ馬が引く馬車の御者のように、注意深く心を制しなさい」（シュヴェターシュヴァタラ・ウパニシャッド）

　「飲むにも食べるにも、また何事をするにも、すべて神の栄光のためにすべきである」（コリント人への第一の手紙 10：31）

　一日の使い方を、規則正しく適度な割合で行うことによって、心の静寂と至福感が安定して高まっていきます。

　心の安定した生活は、身体にも良い影響を与え、身体に良い生活もまた心に良い影響を与えます。これにより、心と身体の調和を相互に高め合う良い循環が生まれます。

　この節の行間には、「適度に瞑想し」という言葉も垣間見られます。食や行動、睡眠と同じように、日常生活の中に当たり前に取り入れるべきだからです。

　なぜ、ここに書かれていないかというと、真の意味では「日常生活のすべてが瞑想」であるからです。書くことによって、瞑想が限定された時間のものと勘違いされてしまうことを避けるためです。

　日々の生活において、節度を保って丁寧に生きると、次第に自然界の法と調和した生き方へと変わっていきます。

　それを最も確実に実践できるのは、「食」と「睡眠」です。これらは誰もが、今すぐにでも正せるものです。

　人は、過剰な行動を続けると、思考力が低下し判断力も鈍くなっていきます。心身が疲労した状態では、能率は低下し、時間が無駄に使われてしまうことになります。

　通常の日常生活において、人が最大に集中していることのできる時間は、およそ20分であることが科学的に証明されています。

「適度に体を動かし」

　休息というと身体を動かさないイメージがありますが、適度に身体を動かすことによって休まる積極的休養ということが知られています。積極的休養は、全身の血行を良くして、筋肉が刺激され、心呼吸器系も活発化してくれる早く疲労回復するための一つの手段でもあります。

　医学的にも、適度な運動は、多くの病気の発症率を低くして、死亡率も劇的に下げてくれることが判明しています。

　「適度」という概念の重要性は、古くから指摘されてきました。

　歴代の悟りを開いた聖者たちは、二つの両極、すなわち楽と苦への耽溺を戒めました。感覚器官に囚われた人は、楽と苦を交互に揺れ動き、それを止めることが出来ないからです。

　釈迦大師は、「中道」を説きました。多くの人が楽と苦に囚われ、真理の道である中道を理解しようとしていなかったからです。

　師は、魚釣りの喩えで人々に中道を伝えています。「どのようなことも適度にするのが良い。娯楽も適度に楽しめばよいが、そこには執着という針が隠されている。その罠に気づかずに飲み込めば、釣り上げられてひどい苦しみを

味わう結果となる」と誰にでもわかりやすく説きました。

　苦しみを願う人など誰一人としていませんが、多くの人は楽を求めます。でも楽は、形を変えた苦しみであることを理解できなかったのです。苦しみも楽も、同じ欲から生じます。そこから逃れるためには「中道」を歩むことが必要なのです。

　古代ギリシャの哲学者アリストテレスは、人間の行為や精神状態における過剰と不足を自己調整する徳質として「メソテース」という語で説明しています。

　適度な状態を、生き方の理想とすることを強調したのは儒教です。

　紀元前の中国、儒家の始祖である孔子は著書「論語」の中で、「中庸の徳たるや、それ至れるかな」と記しました。この中庸は、やがて儒教の中心的な概念の一つとなっていきました。

　後世になってから朱熹が「中庸章句」を作ったことにより、儒教の経書である四書「論語」「大学」「中庸」「孟子」の一つになっています。

　ご自分の身体を見てください。体温は 36℃ 前後で保たれているはずです。たった 2℃ の違い、34℃ になっても

38℃になっても、そのままで生体を維持し続けることはできません。血圧も同じです。高すぎても低すぎても、そのままの状態が続けばいずれ支障がでやすくなります。心拍数も同様です。

　地球の環境も、すべてが絶妙なバランスを維持しています。全地球の気温がたった5℃高くなっても、低くなっても、現在の環境は維持できなくなります。

　誰もが「適度」を知り、「過ぎたるは及ばざるが如し」ということを知っているにも関わらず、簡単には実践出来ないのが難しいところです。

　適度をよく理解して実践することは、健全な心を育てるための美しい道です。

　「適度な運動は、健康となり、維持し、長寿にさせる」（アリストテレス）

　「度を越すものはみな悪となる」（フランスのことわざ）

　「何事にも節度を守りなさい。何事にも中央があり、その線が適切の印なのだから。こちら側でもあちら側でも間違いが起こる」（古代ローアの詩人ホラティウス）

「日日是好日（にちにちこれこうにち）」（雲門文偃（ぶんえん）／雲門広録）

　人生には良い日も悪い日もあります。どんな一日であっても、かけがえのない貴重な地上での人生の中の一日です。一瞬たりとも疎かにすることなく、丁寧に生きることを心がけていれば、自ずと毎日が好日となります。

　「歩くことが最良の運動である」（エドガー・ケイシー 1713-21）

　「あなたの肉体は生ける神の神殿である。肉体を美しく保ちなさい」（エドガー・ケイシー 3285-2）

　「神は第七日にその作業を終えられた。そのすべての作業を終って第七日目に休まれた」（創世記2：2）

　「するとイエスは彼らに言われた、「さあ、あなたがたは、人を避けて静かな所へ行って、しばらく休むがよい」」（マルコによる福音書6：31）

yadā viniyataṃ cittam ātmany evāvatiṣṭhate
niḥspṛhaḥ sarvakāmebhyo yukta ity ucyate tadā 6.18

「ヨーガをしっかりと修練して物質的な欲望をことごとく帰滅させ、心が静謐になり真我の中に安住した時に、ヨーガを確立したと言われる。(18)」

　これまでの節で説かれてきたヨーガの実践によって到達する状態が、ここで簡潔に示されています。それは、登山において、頑張って山頂に到達し、今まで歩いてきた道のりを俯瞰して観ているかのようです。

　あらゆる種類の物質的な欲望は、その役目を終えて、昇華され神の元へと帰滅していきます。

　すべての物質的欲望は、心の奥に在る真我から離れた欠乏感、永遠なる充足感の欠如から起こります。そのため、心を制御して真我に達し、永遠の至福の中に溶け込まない限りは、欲望は生まれ続けることになります。

　真我に達し、至福の状態が成就されると、すべての物質的欲望が帰滅した状態となるのは、自然なプロセスです。

　心を制御してすべての欲望が完全に帰滅する時、真我の光を遮るアハンカーラの働きも止まり、チッタも澄み渡り、真我だけがある世界に在るということになります。それが、心が静謐になった状態です。

　広大な純粋意識の海の中に入り、想念や体験といったわ

ずかな波と風で、意識の海の凪が揺らぐことはありません。
すでに真我は、心が創り出す活動領域の働きからは超越し
ているからです。

　「心の働きを止滅すことが、ヨーガである」（ヨーガ・スー
トラ第一章2）

　「ヨーガをしっかりと修練して物質的な欲望をことごと
く帰滅させ」
　昔、ハリシュチャンドラ王という、とても徳の高い国王
がいました。彼は、欲望も執着も無く、慈悲の心で溢れて
いました。
　ある日、神々はハリスチャンドラ王の慈悲の心が揺るぎ
ないものであるかどうか、試練を与えて試してみることに
しました。
　神々は、聖仙ヴィシュヴァーミトラに頼み、王に莫大な
お布施を要求させました。ハリシュチャンドラ王は、聖仙
ヴィシュヴァーミトラに王国のすべての財産をお布施しま
した。
　ところが、聖仙はさらにお布施を要求したために、王妃
と王子まで働きに出し、国王自らも火葬場の番人として働
くことになりました。

ある時、大富豪の男の遺体が運ばれてきました。大勢が
やってきましたが、遺体を火にくべる前に皆、男が火葬さ
れるのを見届けることなく、あっさりと帰ってしまいまし
た。

　通常は、家族や友人が遺体の上に重しを載せます。火葬
の途中で、遺体の一部が収縮して起き上がるように動いて
しまうからです。ところが、今回は誰もいないので、重し
を載せることなく火葬が始められました。

　ハリスチャンドラ王が薪をくべていると、遺体は収縮し
て、まるで生きているかのように上体が持ち上がりました。

　これを見ていた王は、いくら生前に大富豪だったとして
も死んだら誰にも見向きもされないのだという虚しさと同
時に、死体が生きているようにこの世界もマーヤ（幻想）
であり、人はその中で生きているのだということを改めて
思いました。それによって王は、この世のすべてに対する
一切の執着を断ち切ることが出来ました。

　その後、一人の女性が死んだ我が子を抱えて火葬場に
やってきました。その女性は全くお金を所有しておらず、
火葬する費用が無いと言いました。よく見ると、なんと女
性は王の妻である王妃であり、死んだ子供は自分の息子で
ある王子でした。

　この時、王は火葬場の番人でしたが、働いた賃金はすべ

てお布施してしまっていて、やはりお金を所有していませんでした。火葬場の持ち主に内緒で、王子を火葬することも出来たはずですが、王は一切の不正行為を行いませんでした。王子の遺体は、火葬されることなく、風雨に晒されたまま放置され、朽ち果てていきました。

　この一連のハリスチャンドラ王の行動を見ていた神々は、王に王国を返し、王子の命を復活させて、取り上げたすべての富を返還しました。

　こうして、ハリスチャンドラ王家は、物質的な財産だけでなく、霊的な財産という永遠に失うことのない真の富を得たのでした。

　この世界のものは、すべてが変化し続けています。

　何一つ永遠なものが無いのが、この世の本質です。儚いものに執着することには、確実に苦悩がついてくるのです。その苦悩の体験から執着の本質を学び、執着を消していくしかありません。

　「金銭を愛することをしないで、自分の持っているもので満足しなさい。主は、「わたしは、決してあなたを離れず、あなたを捨てない」と言われた」（ヘブル人への手紙13：5）

yathā dīpo nivātastho neṅgate sopamā smṛtā

yogino yatacittasya yuñjato yogam ātmanaḥ 6.19

「風のない所では灯火が揺れないように、心を統制して真我に意識を集中しているヨーガ行者は自己に安定して微動すらしない。(19)」

　「風のない所では灯火が揺れない」

　この表現は、物理的な表現を通して、超越した世界での状態を表しています。

　瞑想は、五感の制御から始まります。

　万物万象あらゆるものに対して、心は五感を通して感知します。そして、感知したものを対象物として、心に結びつけて反応します。この段階における心の状態は、わずかな風でも揺れ動く灯火のようなものです。

　瞑想で、神にのみ集中して、心が制御され始めると、集中した対象以外は心に結びつかなくなっていきます。でもまだ、五感とその対象物には影響されています。この段階における心の状態は、風でも揺れにくくなった灯火です。

　さらに瞑想が深くなり、最終的に心は五感の影響から超

越します。その状態においては、心はそれまで経験の基盤となっていた対象や五感から、完全に離れています。

　この段階が、「風のない所では灯火が揺れない」と表現できます。

　サンスクリット語で読んでいる方は気が付いたと思いますが、「心を統制して」が「yata-cittasya」になっています。これは心ですが、心の構成要素の一つであるチッタを示しています。

　心が五感と対象物から離れた段階では、すでにマナスとブッディ、アハンカーラは統制されていて、最後の心の領域であるチッタの純粋性が強調されるべき段階であることを示しています。

　すでに第5巻で詳細に解説したように、チッタは真我に張り付いている心の要素であり、五感から超越する時に、真我の顕現を意識するために最後まで働く心の要素です。だからチッタが統制された状態では、「風のないところでは灯火は揺れない」と表現される通りに、完全に不動の境地になります。

　瞑想は、心の中の穢れを徹底して祓い、究極まで清めていく作業です。

　自我の中に没頭していると、穢れを大切なものとみなし

て執着してしまいます。心の中のアハンカーラは、穢れへの執着に正当性を持たせようとします。

　瞑想によって自我そのものの本質を見抜き、体験によって清浄化していくのが、この地上に下りてきた目的になります。

　心の中の穢れは、全力を尽くして徹底して祓う必要があります。それによってはじめて、超越が起こります。

　心の穢れは、二種類に分けることが出来ます。

　一つは、無智に起因する心の濁り（アーヴァラナ）。

　もう一つは、心の喧騒（ヴィクシェーバ）です。

「自己に安定して微動すらしない」

　この揺るぎない安定性は、自分の中の個別の感覚が消えて、大きな存在との統一へと拡大していることに根ざしています。

　それは一粒の雨が雲から落ちていき、大海に落ちるようなものです。一滴の雨粒が、広大な海に解放されれば、水は大海の水との境界が無くなり、一つの大海を形成することになります。

　今まで相対的に認識していた個別の存在が、相対性が消えて、ただ永遠で無限の存在に溶け込んだ境地。これ以上無い光と、限りない至福の神意識の中に在る境地では、私

たちが分離していると感じさせる基盤が完全に消滅し、安定する要素しか存在しなくなっています。

　この境地では、私たちすべての人が、神の魂を持ち、永遠無限の生命の中にいることを自覚することになります。

　「心の中に霊的価値を養うまでは、混乱しか生み出さない」（エドガー・ケイシー 955-1）

yatroparamate cittaṃ niruddhaṃ yogasevayā
yatra caivātmanātmānaṃ paśyann ātmani tuṣyati 6.20

「ヨーガの修行で心の動きを完全に支配し、事物から退き、静寂を得た時、自己が自ら真我を見出して満足し、(20)」

　ここからの４つの節は、真我の達成、神人合一の境地がさまざまな面から示されて、実践を促す内容となっています。

　４節繋がる長い詩によって、一つの頂点を作り出しています。歌で言えば最初のサビの部分です。

瞑想は、心の中の穢れを徹底して祓い、心の揺るぎない安定性を得た状態で、さらに実践を積み重ねていきます。

　事物から退き「niruddham」という語は、自我から真我へと移行する過程で、心の要素であるチッタの働きが内側に向かっていく際に、自然と起こる現象を表しています。
　自分自身の中の唯一無二の実在が真我であることを直感によって感じた時に、その他のすべてのものは影のように感じられるようになります。そして、実在の感覚が強まるにしたがって、現世の物事は欲望や執着と共に、色褪せて消えていきます。

　「自ら真我を見出して」
　正しい識別心を持ち、執着を消し、愛を持ち、神のみに意識を向けた霊性修行によって、心の穢れが祓われ、心が清浄に澄みきった時に、自らの真我を見出すことが出来ます。

　この肉体は、真我にとっては御魂磨きの道具です。御魂磨きには、肉体、微細体、原因体の三つの身体が必要とされますが、肉体は微細体と原因体の土台となっている大切なものです。この人間の肉体があるからこそ、ヨーガの実践が可能となります。

　「眼について慎み、耳について慎み、鼻について慎み、舌について慎むことは善い。身について慎み、言葉について慎み、心について慎み、あらゆることについて慎むことは善いことである。修行者は、あらゆる事象に対して慎みを持つことで、すべての苦しみから脱れる」（釈迦大師／ダンマパダ）

　「（苦楽の）経験は、真我（を見出すこと）で終わる」（サーンキャ・スートラ）

　「奇哉の奇、絶中の絶なるは、それはただ自身の仏か」（空海／秘密曼荼羅十住心論 巻第九）
　たとえようも無く、想像を絶するほど素晴らしいものとは、自らの真我か。

sukham ātyantikaṃ yat tad buddhigrāhyam atīndriyam
vetti yatra na caivāyaṃ sthitaś calati tattvataḥ 6.21

「理知で認識できる、感覚を超えた最高の喜びを感じた時、ここに留まって真理から逸脱せず、(21)」

物質世界を超越した永遠なる最高の至福は、肉体の感覚器官では味わうことのできないものです。

　この宇宙の創造は、純粋な精神原理のプルシャと物質原理のプラクリティの創造から始まりました。
　現象世界の根源的物質がプラクリティで、そこには三つのグナであるサットヴァ、ラジャス、タマスの三性質が表現されています。この三つのグナの働きが、あらゆる変化と多様性が生じる元となり、進化の礎になっています。

　そこから五微細元素とも呼ばれるタンマートラとジニャーナ・インドリヤが生じ、宇宙の物質的基盤が創造されます。
　タンマートラは、最も精妙なエネルギーである主観宇宙の末端領域にあり、そこで形成された五大元素によって物質世界の元となる客観宇宙が創造されていきます。
　シャブダ・タンマートラからは空の元素、スパルシャ・タンマートラからは風の元素、ルーパ・タンマートラからは火の元素、ラサ・タンマートラからは水の元素、ガンダ・タンマートラからは地の元素が顕現されていきます。その後に、それに対応する五感と五つの感覚器官が生成されます。

　こうした背景を踏まえると、三つのグナから生じて、その支配下にある感覚器官では、それを超越したタンマートラよりも精妙なエネルギー世界の感覚を知覚することは出来ないことがよく理解できると思います。

　最高の至福を感じられるのは、もっと精妙な純粋知性と純粋理性になります。

　ギーターにおいては、宇宙創造の過程の象徴的記述があります。

　パーンダヴァ兄弟は精神原理プルシャの象徴、軍隊は物質原理のプラクリティの象徴です。

　軍隊が戦いの前に戦闘配置についたというのは、三つのグナがまだ均衡状態を保っていることを示しています。戦闘前は静寂を保っていますが、これは三つのグナがまだ静かな均衡状態に在り、変化と多様性の創造が顕現されていない状態を示しています。グナが完全に均衡と調和の元にある時には、三つのグナとしての姿がわからない状態のエネルギーだからです。

　これから戦闘に入り、軍はさまざまな戦い方をしていきますが、それは三つのグナが活動を開始して、無数の組み合わせによる多様性の創造によりこの世界が変化していく様子が象徴されているのです。

紀元前の聖者であるカナーダ大師が記した「ヴァイシェーシカ・スートラ」でも、全宇宙の創造について言及されています。

　それによると、宇宙創造の基盤となってるものには、9つのエネルギー体が関わっています。

　地（プリティヴィー）、水（アーパス）、火（テージャス）、風（ヴァーユ）、空（アーカーシャ）、時（カーラ）、方角（ディク）、魂（アートマン）、意（マナス）の9つです。

　これらの要素も、ギーターの中に巧みに取り入れられていますので、よく深く読んでみてください。

yaṃ labdhvā cāparaṃ lābhaṃ manyate nādhikaṃ tataḥ
yasmin sthito na duḥkhena guruṇāpi vicālyate 6.22

「これを得ればこれ以上に得るものはないと思い、ここに留まれば最大の苦難にも動揺しない、(22)」

　ヨーガで到達できる安定した至福の境地の説明が続きます。

　神人合一による一元性の中では、それに優るものなどありません。

　魂は、その本来の住処である二元性の無い世界、神の霊光溢れる境地に留まることで、真の安らぎを見出すことになります。

　この一元性の世界では、物質世界からは分離した状態ですから、二元性の世界で繰り広げられている相対的な苦難に全く影響されず、動揺することもなくなります。
　それは飛行機に乗って雲の上に出ると、地上が雨でも吹雪でも、それとは関係なくいつも晴れていることに似ています。

　この節においては、最高の境地を示しながらも、なお二元性の中に留まっている人間の苦難について言及しています。
　それは、最高の境地がどこか遠くにある完全に分離した世界ではなく、地上の苦難までのすべてを包括していることが示されています。

taṃ vidyād.h duḥkhasaṃyogaviyogaṃ yogasaṃjñitam

sa niścayena yoktavyo yogonirviṇṇacetasā 6.23

「このような苦悩とのかかわりを断ち切ることが、ヨーガと呼ばれ

ることを知れ。決然として、ひたむきな心でこのヨーガを実践せよ。（23）」

　この節では、二元性の苦難から離れて、一元性の世界に向かう道が、ヨーガであることを明確にしています。そして、そのヨーガの霊性進化の道へ堅忍不抜の精神で臨むことを促しています。

　ヨーガの実践に際しての原動力となる理念に、「分離」と「合一」の二つが掲げられました。
　「人生山あり谷あり」という言葉がある通り、一生に渡って平穏無事に過ごす人生などありません。外側の世界に意識を向けて、喜怒哀楽に一喜一憂して過ごすことが一般的な人生になっています。
　でも、それでは山の先には谷があるように、ただ漫然と生きるだけでは苦悩から逃れることは永遠に出来ません。その苦悩を永遠に断つ手段が、ヨーガなのです。

　釈迦大師の出家の動機として語られる「四門出遊」という説話があります。何不自由ない王子であった頃に、釈迦大師を自己覚醒の道へと導いた逸話です。
　王子の住む城には、東西南北に門があります。王子が城

の東門から出かけた時に、衰えた老人を目にしました。王子は、お供の者に「彼は何者か？」と尋ねました。

お供の者は、次のように答えました。

「あれは老人でございます。すべての人間は、生まれてきた以上、老いの苦しみから逃れることはできません」。

しばらくして、王子は南門から出かけました。すると、道端に疫病に罹った人が倒れていました。王子は、お供の者に「あれは何者か？」と尋ねました。

お供の者は、次のように答えました。

「病人でございます。すべての人間は、病の苦しみから逃れることはできません」。

またしばらくして、王子は西門から出かけた時、葬儀のために遺体が運ばれていくところを見ました。王子は、お供の者に「あれは何をしているのか？」と尋ねました。

お供の者は、次のように答えました。

「死人のための葬儀でございます。すべての人間は、生まれてきた以上、死から逃れることはできません」。

王子は大きなショックを受けました。

今まで城の中だけで生きてきた王子は、若くて健康な人しか見たことがなかったのです。

生きている限り、老・病・死の三苦から逃れることはできない。それなのに、誰もそれを自覚することなく日々を

生きていることに、王子は大きな疑問を持ちました。

　そして最後に北門を出た時に、王子は出家した修行僧に出会いました。修行僧の清らかで落ち着いた風貌に感動して、自らも出家を決意したといいます。

　一生何不自由ない生活が保証された王子としての身分を放棄して出家するのは、相当な覚悟が必要だったはずです。

　東西南北の四つの門は、人生における四つの苦（老、病、死、生）を示していると言われています。

　「老、病、死、生」とは、人間として生まれた私たちが必ず向き合わなければならないものであり、すなわち私たちの日常そのものであるとも言えるでしょう。ここまで気が付けば、あとは苦悩を断つために努力すべきです。

　ところが、現代社会においては、苦悩を断ち切る努力を捨てて、苦悩から離れる方法を無視して、狭い視野の中で作られた「老、病、死、生」に対する不自然な固定観念を拡げて誤魔化してしまっています。

　そしてそれは、現代社会の混乱や地球環境の破壊、動植物たちの絶滅などとなって表れています。

　最近になって、私たちが持ってしまった間違った固定観念が、すべての苦しみ、すべての憎しみ、すべての悲しみ

の原因であることに多くの人が気づき始めています。

「老、病、死、生」を避けることなく真正面から向き合い、より広い視野で正しく理解し、正しい理解に基づいた実践を行うことによって、正しい人生観と道徳観が生まれ、目先の快楽や利益よりも、霊性進化の道である随神の道の上での正しい行動ができるようになるのだと確信しています。

釈迦大師のように「老、病、死、そして生」を見つめ直して、日常の行動に繋げていくことは、しっかりと地に足をつけて、一歩一歩自己覚醒の道を歩む上で大きな助けとなることでしょう。

ここで余談になりますが、釈迦大師のように何不自由ない優雅な生活をすべて捨て去り、神の道を歩んだグール・ルクという女性がいます。

グールは、1790年代に富裕層の家族に生まれ、何不自由なく優雅に育てられました。彼女はとても信心深い少女でした。

グールは、18歳の時に突然お見合い結婚の申し出を破棄して、すべての財産や特権、家柄を捨てて、放浪の旅へと出てしまいました。各地を転々としながら不撓不屈の精神で修行を重ね、ついに1850年代に超越意識に到達。その後

も放浪を続けて、質素な生活をしながら神との霊交に浸っていました。

沐浴もほとんどすることがないのに、彼女の身体からは花のような良い芳香が漂っていたそうです。彼女は、百数十歳まで元気で長生きし、人々に祝福を与え続けました。

男性性と女性性の融合

この節では、神との合一を掲げずに、「二元性の苦悩との関りを断ち切る」という目線で語られています。二元性の中に没頭している人に、神との合一だけを掲げてしまうと、弊害が起こることがあるからです。

人によっては、社会生活を営む中で、なんでも完璧さを求めようとすることがあります。完璧さを求めるあまり、心の平和が消えていくことを理解していないのです。

いくら完璧さを求めても、地上のマーヤ（幻想）の世界では完璧で永遠不滅なものなど何一つありません。すべてが進化のために存在し、創造されていく世界の中に、完璧さを求めることに無理があるのです。それは心を緊張させて、心の静寂さと平安を失うことに繋がります。

また、現代社会は、法律や規則や掟があるから人は秩序を保っているという考え方の基に構築されています。では、

法律や規則を制定しなければ、人は野獣のように狂ってしまうのでしょうか？

　そもそも野獣、というか野生動物たちは全く狂っていません。すべての動物たちは、秩序を保っています。

　人間は、創造主由来の分け魂を持つ創造物です。これからの時代にヴェーダの智慧が人々に浸透していき、自分に内在する真我が指針となっていけば、自分の外側の法律に縛られるよりもよほど秩序は保たれるではないでしょうか。

　自分自身の真我の指針が優先される時代が来たら、今よりももっと自然で、もっと優しく理想的な世界になるはずです。社会的な規則や掟は、外面と内面の世界を緊張させますが、真我の法は内面に心の静寂と平安をもたらすからです。

　実践の基盤となる理念として、「合一」を意図するか、「分離からの脱却」を意図するか、またはその両方にするかは、個々の判断によります。

　自分の心をよく観てみてください。探求心が旺盛な男性性が優勢ならば「合一」、慈悲や慈愛に溢れた女性性が優勢ならば「分離からの脱却」を意図して、ヨーガの実践を行えばよいのです。

誰もが気づいているように、自分自身の心の中には男性性と女性性が同時に存在しています。基本的には、どちらかが優勢になっています。

　私たちは、自分の中にある両性を神との霊交によって、美しく調和させることが出来ます。

　男性であれ女性であれ、一人の個人の中には、繰り返す輪廻転生の中で体験してきた男性の記憶と女性の記憶が魂に刻印されています。それが大きく自分の心の男性性と女性性のバランスに影響しています。

　肉体と微細体の合間にも、過去世の波動を持ったいくつもの不可視の層があって、それは現在の肉体構造に非常に近い状態で存在し、すべての層は密接に繋がっています。

　顕在意識では意識の焦点は不可視の肉体層にありませんが、多くの人は漠然と自分の中にある異性に気づいているはずで、それらの多層構造は人格形成に大きな役割を担っています。そして個体全体としての調和は、これらの極性の融合により生まれています。

　日常生活のあらゆる場面においても男性性と女性性の融合は、自己の調和的活動のみならず、人間関係の相互理解や調和にとても役立っているのは言うまでもありません。

　極端な例でいうと、社会的背景により紛争地などで幼少

のころから戦闘訓練を課せられて攻撃性を増幅されて育った男性であっても、過去生で培った自己の中の女性性が、男性性に固執したり助長し過ぎることを補正することで、破壊的な一極性に偏ることを未然に防ぐといった形で、魂の進化から大きくはずれないよう役立っています。

　男性性と女性性の融合は自己の内側で行われるもので、人には生まれつき調和融合に向かう願望と力が備わっています。顕在意識は肉体レベルに意識の焦点を合わせており、自己の投影を外の世界に向けているため、自己融合する前段階として、男性は女性に、女性は男性に魅了されるというのが自然な流れになるのです。

　理想的には、性別を意識することなく、いつでも自分の中の理性と感情を神聖なバランスを保つよう意識することです。

　魂の進化の初期過程でこのように極性が分離され、再び融合する過程に導かれることは、建物で言えば土台工事に当たる部分であり、強固な建物を建てるために必須なものです。そのため、輪廻転生の中で必要に応じて、男性に生まれたり、女性に生まれたり、真我の導きによってバランスよく学べるように生まれてきます。

　性の両極性は、他のあらゆる二極性とも有機的に繋がっ

ているため、男性性と女性性の融合は、頭脳とハートの融合、肉体と心の融合など、すべての極性の融合によい影響を与えます。

　ちなみに輪廻は、サンスクリット語で「サンサーラ（samsara）」ですが、この単語には、輪廻の他にも、「生存」「流れる」「俗世間」「現世」などの意味もあり、原典を読む時には注意が必要です。

　この男性性と女性性は、個人の心だけでなく、心の反映である外側の世界、時代や社会にも影響を与えています。

　内側の両性のバランスが外側の世界に反映されるのは、私たちが見ている物質世界は自分の内面の写しであることが理由です。

　このことは容易に理解出来る人は少ないと思いますが、自分で自分の肉体の眼球が見えないように、自分の心にある自我も心では見ることは出来ず、外側の世界の表現を通して知覚されます。

　エネルギー体が創り出す肉体の眼球も、心が創り出す自我もどちらもこの外側に展開されている物質世界に焦点を合わせられています。それは、霊性進化のために、魂の持つ特性や調和・不調和な在り方がわかりやすく外界に表現されることで、それらを理解するための神の計らいです。

　西洋は攻撃的積極的な傾向を持つ男性性が優位であり、東洋は受容的で融和的な傾向を持つ女性性が優位です。

　世界全体として見ると、今回の有史以来現在までは男性性優勢の時代でした。男性性が優位だと、社会的構造も権力を頂点にするピラミッド型となり、攻撃性や支配性も優位になり、人々の権力争いや自然界に対する征服欲も旺盛で、その結果が今の世界情勢に表れています。

　男性の攻撃性は、愛よりも知識を優先し、ハートよりも頭脳を優先し、すべてのものを探求する、侵入するような行動でも示されます。

　槍もミサイルもロケットも男性性が的確に表れている発明品です。それが現代科学の頭脳を中心とした発展や戦争となって表れています。

　今は大小様々な宇宙周期の節目が重なる非常に特殊な時期にあたり、地球におけるエネルギーシフトの準備段階に入ったために二元性の融合が急速に進み始めています。

　ただ、性の両極が均等に融合するといっても、エネルギー的なものであり、表側の現象が均等になるということではありません。

　男性性は常に探求心旺盛で、時に攻撃性を有し、それを視えない形で優しく創造性や積極性へと変容させる力を持つのが女性性です。霊性の進化には、強い男性性の推進力

と探求心、それに愛を加えて光の方向へ向かわせる女性性のバランスが必要なのです。

　自分の心を内観すれば、前世が男性だったか女性だったか、また過去世での蓄積で今どちらの性が優勢か、よくわかるはずです。

執着を断ち切り、ひたむきにヨーガに臨む
　「苦悩とのかかわりを断ち切ること」
　人は、どうしてもこの物質世界の儚い魅力に引き込まれやすくなってしまうものです。でも、すべてが無常であるこの世界への執着を断ち切る強い覚悟が必要です。

　「カタ・ウパニシャッド」には、少年ナチケターが死者の主ヤマ（閻魔）の元へ訪問した話が収録されています。ナチケターの父親は、ヤマへの生贄として自分の息子である彼を差し出したのでした。
　ナチケターは、ヤマの住むヤマローカへ行きました。彼が到着した時、ヤマは不在でした。ナチケターはヤマをずっと待ち、ようやくヤマが戻ってきました。ヤマは待たせたお詫びに、ナチケターに三つの恩寵を与えることを申し出ます。
　ナチケターは、一つ目に彼の父親の幸せを願います。二

つ目に、天界の達成法の火の教えの伝授を願いました。

　ナチケターの三つ目の願いの前に、ヤマは彼を誘惑します。

　「おまえに物質世界でのすべての富と権力を授けよう。健康長寿の息子や孫たち、多数の家畜、黄金、広大な領土、寿命も制限しない。地上でお前が望むまま楽しめるようにしてやろう。さらにあらゆる娯楽も美しい天女たちも用意してやろう」と言いました。

　少年は答えて言いました。

　「この世界の儚さは理解しております。永遠に続くことのない、儚い世界のものを欲しいとは思いません。この世の富も刹那的な快楽も、儚いだけでなく、苦脳まで付いてくるではありませんか。天女と交わる快楽も、すべての感覚器官を衰えさせるものです。それらを欲しがるのは、感覚的な快楽に囚われた人たちだけです。私には必要ありません。私の願いは、アートマンの教えだけです。私は、神と共に在り、永遠無限の真理を知りたいのです」。

　この話と同じように、イエスもサタンに「全世界を支配する権力を与えよう」と誘惑されましたが、イエスは「サタンよ、去れ」とそれを退けました。

アルジュナも、第1章31節で「クリシュナよ、私は勝利も王国も、快楽をも望んでいない」と、同じく第1章32節では「王国も、快楽も、生命さえも、何になろうか、ゴヴィンダ（クリシュナ）よ」と語っています。

　これらはすべて、地上世界のどんな欲望や幸せも刹那的な苦楽の繰り返しであり、神との霊交のような至福とは比べ物にならないことを示しています。
　欲望に基づく地上の幸福と執着に基づく苦悩は、鳥と卵のような関係があります。鳥から卵が生まれ、卵から鳥になることをひたすら繰り返すばかりなのです。

　「まず神の国と神の義とを求めなさい。そうすれば、これらのものは、すべて添えて与えられるであろう」（マタイによる福音書6：33）

　「私についてきなさい」（マタイによる福音書4：19）

　「決然として、ひたむきな心でこのヨーガを実践せよ」
　自分を甘やかすことなく、堅忍不抜の精神を持ってヨーガに臨むことを勧めています。

　臨済宗中興の祖である白隠禅師は、「ほんの短い時間の

座禅でも、真摯に行えば座禅の前後で自分を大きく変えることが出来る、そのくらいの覚悟を持ってやりなさい」と説いています。

　雪山修行に入る時にも、入念に準備をしながら、どんな厳しい状況になっても生きて戻ってくるという覚悟を持って臨みますが、それは決して辛いものではなく、わくわくする気持ちの方が大きいのです。

　「私が賢いというわけではなく、ただ人よりも粘り強く問題に取り組んできただけだ」（アルバート・アインシュタイン）

　「怠らず励み、霊に燃えて、主に仕えなさい」（ローマ人への手紙12：11）

　「勤勉な人の計画は、ついにその人を豊かにする、すべて怠るものは貧しくなる」（箴言21：5）

　「涙と共に種を蒔く者は、喜びの歌と共に刈り入れる」（詩篇126：5）

　「神の栄光にあずかる希望をもって喜んでいる。それだけではなく、患難をも喜んでいる。なぜなら、患難は忍耐

を生み出し、忍耐は錬達を生み出し、錬達は希望を生み出すことを、知っているからである」（ローマ人への手紙5：3-5）

saṅkalpaprabhavān kāmāṃs tyaktvā sarvān aśeṣataḥ
manasaivendriyagrāmaṃ viniyamya samantataḥ 6.24

「想念から生まれるすべての欲望を放棄して、あらゆる方面からすべての感覚を心で統御し、(24)」

　前節でヨーガの実践の大切さを説いた後で、ここからの節では、ヨーガの実践をどのように行っていくか、その際の重要なポイントが明確に示されていきます。

　ここからの数節には、いくつかの段階のサマーディが包括されています。それは、途中で満足することなく、随神の道が長く続いていることをも静かに示しているのです。

　「想念から生まれるすべての欲望」
　制御していない人の心は、突然人間社会に連れてこられたお猿さんのように振舞います。見るものすべてが新鮮で、その意味を理解することなく、心が創り出す想念から生じ

る欲望のままに行動していきます。

　マナスが感覚器官を使って得た情報をブッディへと送り、そこで判断された情報に対して、アハンカーラが自我のラベルをつけて、欲望を膨らませていきます。この状態には、心が制御されている人が経験する真の心の安定は感じられません。

　では、想念を消せば欲望が消えるのでしょうか？

　理論的にはそうですが、現実的には想念を消すことは出来ません。想念を正しい方向へと向けていけばよいのです。

　正しい方向とは、第一に外側の世界から内側の世界へと変えること。第二に、内側の全方向へ向けられた想念を真我のみに集約すること。そうすれば、欲望も自ずと正しい方向性へと向けられて、次第に自然と収縮していきます。

　一般的な欲望は、想念が神経系へと情報を伝えて、それを元に外界への活動に繋がっていきます。一方で心が内側に向いてしまうと、外界への活動には繋がらなくなるのです。

　心が内側深くに入っていくにつれて、五感も静寂になった心に従うようになっていきます。欲望が収縮し、五感が鎮静化していれば、欲望は放棄しやすくなっていきます。

　欲望はとても強力で、力づくで、放棄できるものではあ

りません。

「北風と太陽」というイソップ寓話があります。この寓話は、古代ギリシャ神話の太陽神ヘリオスと北風神ボレアースの話を元にしたもので、北風と太陽が、どちらが早く通りすがりの旅人の外套を脱がせることができるかという勝負をする話です。

北風は猛烈な強風で旅人の外套を吹き飛ばそうとしました。でも、風で吹き飛ばされないように旅人は外套をしっかりと押さえてしまいました。北風は、旅人の外套を脱がせることができませんでした。

次に、太陽が暖かな日差しを旅人に送りました。すると旅人はその暖かさによって、自分から外套を脱ぎました。この勝負は、太陽の勝利になりました。

旅人の外套は、欲望です。旅人は、真我。強引に欲望を吹き飛ばそうとした北風は、外側に向いている心。暖かな太陽は、内側に向いた心です。

太陽の行動が、宇宙の理に調和した方法であることを示しています。

惟神の道を正しく歩んでいく限り、五感は正しく制御される方向へと向かい、宇宙の理に調和していくことになります

やがて、真我の光へと向かっていく自覚が芽生え、永遠

の光の中に溶け込み、完全な自然の状態を維持するように
なっていきます。

　聖者たちが、「肉体が無いと神との合一が難しい」と言っ
ているのは、先ほど欲望の収縮で述べたように、肉体の神
経系を霊性進化のために利用することが出来ることも理由
の一つです。神経系からの働きは、五つの感覚器官の性質
を無理やり抑制することなく、自然な形で調和へと向かわ
せることが出来るのです。

　基本的に五感は、知覚する情報から自分にとって最も快
適で喜ばしいものを享受する性質があります。それが自分
を維持する最も優れた方法だからです。危険なものを察知
して回避したり、美味しいものを感知して食したり、人生
をより快適で彩のあるものにしてくれようとします。
　ところが、五感には、善悪の区別や制限が無いという性
質もあります。この性質は、正しく使うと利点なのですが、
意識が外側の世界にばかり向いていることから、自我を主
張するアハンカーラ主体の心では、宇宙の理からかけ離れ
た行動のために五感を使うようになってしまいます。

　この五感本来の性質を上手く利用して、身魂磨きに使う
良い方法が瞑想になります。

何故なら、五感は快楽を追求する性質があるので、外側の世界よりも内側の世界の方がより魅力的であることを動機づければいいのです。そうすれば、五感はより魅力的な内側の世界へと向かっていくことになります。

　そのために必要なことは、内側の世界に心を向けて、深い意識状態に持っていくことであり、その最も効率の良い方法が瞑想なのです。

　五感の方向付けが内側の真我に定まった時に、五感は本来の働きそのままにエンジンに取り付けられた推進加速装置のように働くことになります。

　「人が誘惑に陥るのは、それぞれ欲に引かれ誘われるからである。欲が膨らむと罪を生み、罪が熟して死を生み出す。愛する兄弟たちよ。思い違いをしてはいけない。あらゆる良い贈り物、あらゆる完全な賜物は、光の父から下りて来るのだ」（ヤコブの手紙 1：14-17）

　「すべての人を救う神の恵みが現れた。そして、私たちを導き、不信心とこの世の情欲とを捨てて、慎み深く、正しく、信心深くこの世で生活し、祝福に満ちた望み、すなわち、大いなる神、私たちの救主キリスト・イエスの栄光の出現を待ち望むようにと、教えている」（テトスへの手紙 2：11-13）

「神に近づきなさい。そうすれば、神はあなたがたに近づいて下さるであろう。罪人たちよ、手を清めよ。二心の者どもよ、心を清くせよ」（ヤコブの手紙4：8）

「兄弟たちよ。あなたがたが召されたのは、実に、自由を得るためである。ただ、その自由を、肉の働く機会としないで、愛をもって互に仕えなさい」（ガラテヤ人への手紙5：13）

「キリスト・イエスに属する者は、自分の肉を、その情と欲と共に十字架につけてしまったのである」（ガラテヤ人への手紙5：24）

「挫折することなく、クシャの葉先で一滴ずつ海を干し上げる試みをするように、一切の不安を放棄することで、心を制御できる」（マーンドゥキャ・ウパニシャッド）

śanaiḥ śanair uparamed buddhyā dhṛtigṛhītayā
ātmasaṃsthaṃ manaḥ kṛtvā na kiṃcid api cintayet 6.25

「十分な確信を持って知性に導かれて徐々に一歩一歩超越的境地へと到達せよ。他のことを考えず、真我に意識を集中せよ。(25)」

惟神の道では焦ることなく、地道に一歩一歩確信を持って歩んでいくべきであるということが説かれています。

　この節では、「sanaih sanair」とゆっくりと確実に進んでいくことを強調しています。

　なぜ知性は、私たちを神に、真我に導いていくのでしょうか？

　そのことに十分な確信を持ってよいのでしょうか？

　私たちは、本来が大いなる光であり、神聖な愛であり、永遠無限の存在です。本来の自分がそのような存在であるのだから、知性が真我に還ろうとすることが自然な流れなのです。もしも自分がそのような存在でないとしたら、私たちの深い意識の中にある知性は、真我に還ろうとする衝動を持つことはないでしょう。

　だから知性に導かれて、真我から流れてくる大いなる光の源泉へと辿っていきながら、神聖な愛を今の意識の中にも培っていくことになるのです。

　一歩一歩確実に歩んでいくためには、「忍耐」が何よりも必要になってきます。高次元の意識に到達するために、まず必要な資質が「忍耐」です。高次の領域では、忍耐力

に欠けた人が達成できることは何もありません。

　強靭な忍耐力と我慢強さは、サンスクリット語で「サハ
ナ」と言います。思いも言葉も、すべての行動も、サハナ
を基盤とすべきであることがウパニシャッドの教えとなっ
ています。サハナは、人間性を丸く、強く優しくし、心を
清らかにします。

　またサハナは、自分に本来備わっている堪忍袋「クシャ
マ」を育てます。クシャマが立派に育つと、人は至福へと
導かれます。

　忍耐については、すでに第2巻でも詳細に述べました。

　植物たちは、一年の気候に合わせて最適な時期に芽を出
し、成長し、開花して実を結びます。もしも焦って花を咲
かせたとしたら、理想的な身を結ぶことは出来ないでしょ
う。

　外の世界でさえ自然律に沿った道が最適ですが、より精
妙なエネルギーを扱う内的な世界ではさらにそれが重要に
なっていきます。

　早く到達しようと焦れば焦るほど、真我に向かう道は遠
のいてしまいます。それは心の中のアハンカーラが、真我
の光を遮ってしまうからです。

　惟神の道を進み、清浄化していく過程で、心の中に自我

を作り出すアハンカーラの力が減弱していきます。アハンカーラの減弱によって、遮られていた真我の光は増すことになります。

　すると心全体は、自然と真我の引力に導かれていくことになります。水は上流から下流へ流れ、花は香りを伴って開花し、火は物を燃焼させます。それは当たり前のことです。それと同じように、人は、崇高な目的に向かう性質が魂に自然に備わっているのです。

　心の穢れが少しずつ祓われていき、真我の光が増していくと、霊光と至福感が次第に増大していきます。その過程は、自然の力によって無為に進んでいくことになります。

　実体が自らの内側の精妙なレベルに入っていくときには、暖かくなって桜の花が最適な時期に自然と開花するようなイメージを持つと良いでしょう。

　「知性に導かれて（buddhya）」

　これは、「知性を働かせる」というよりも、「純粋知性によって方向性を定める役割がある」という意味になります。真我への道に知性による策略は必要ないからです。

　これは次の句に繋がっていきます。

　「徐々に一歩一歩超越的境地へと到達せよ」

　どんな人でも、小さなところからの積み重ねが最も大切です。

　ある貧しい村に、多根樹という一本の大木がありました。その村に釈迦大師一行が立ち寄りました。多根樹の下にたたずんでいた女性は、釈迦大師に自分の悩みを打ち明けてみました。その時の大師の振る舞いと応対に感激した女性は、大師一行を自宅に招き、昼食に一生懸命に「麦焦がし」を作り、提供しました。

　大勢の修行僧を招き入れて、昼食を施している妻を見た夫は驚きました。その家には、自分たちが食べる麦の蓄えさえ十分に無かったのです。

　妻が釈迦大師一行に麦焦がしを差し出すと、釈迦大師は次のように言いました。「この女性は今の貴い行ないによって、やがて悟りを開くであろう」。

　これを聞いた夫は、師が麦焦がし欲しさに嘘をついていると思い、「そんな麦ごときで、悟りなど開けるか！」と怒り出しました。

　釈迦大師は、怒る男性に対して静かに尋ねました。

　「あなたはこの世で、とても珍しいものを見たことがあるか？」

男性は「この村には多根樹という巨大な樹がある。たった一本で五百両の馬車が繋げるほどの大きなものだ」と言いました。

　これを聞いた釈迦大師は、「そんなに大きな木ならば、種は大きな石臼くらいはあるのだろうか？」と男に尋ねます。

　男は答えます。「とんでもない。種は芥子粒よりもはるかに小さなものだ。そんな小さな種子からあれだけ大きな木になるなんて、誰一人信じないだろう。でも、俺は信じているんだ」。

　これを聞いた釈迦大師は、「麦焦がしを施すという善意は小さく思えるかもしれない。でも、やがて強い縁が繋がっていけば、最終的には悟りを開くことになるのだ」。

　これを聞いた男は我に返り、腹を立てたことを反省し、夫婦揃って師の弟子になったのでした。

　小さな行いの一つひとつが堅実に、そして徐々に自分を創っていくのです。

　「天国は、一粒のからし種のようなものである。ある人がそれをとって畑にまくと、それはどんな種よりも小さいが、成長すると、野菜の中でいちばん大きくなり、空の鳥

がきて、その枝に宿るほどの木になる」（マタイによる福
音書 13：31-32）

真我に意識を集中する

　もう一つ、誰でも知っている話に「うさぎと亀」という
イソップ寓話があります。

　イソップ寓話が日本に紹介された歴史は古く、室町時代
後期以降にイソップ寓話を翻訳した伊曽保物語があったよ
うです。

　「うさぎと亀」の話が一般に知られるようになったのは、
明治時代に初等科の国語の教科書に「油断大敵」という題
名で掲載されたことによります。その後、文部省唱歌「う
さぎとかめ」でも広く知られるようになりました。

　この話は、ある日うさぎに「お前は歩くのが鈍い」と馬
鹿にされたカメが、長距離走の勝負を挑んだことから始ま
ります。

　スタートすると予想通りうさぎはあっという間に先へ行
き、カメが見えなくなってしまいました。うさぎは走力に
自信があったので、余裕綽々で昼寝を始めました。

　ところが、その間にカメは一歩一歩着実に進み、うさぎ
が目を覚ました時に見たものは、山の麓のゴールで大喜び
をするカメの姿でした。

この話の中には、いろいろな教訓があります。
・一歩一歩真面目に努力を続けること
・謙虚に物事に取り組むこと
・競争相手ではなく、ゴールをしっかりと見て行動すること等

　うさぎさんは足の速さに慢心し、ゴールよりもカメさんに足の速さを見せつけることしか頭にありませんでした。その間に、カメさんはゴールだけを目指して一歩一歩歩き続けていたのです。
　どんなに才能があっても、目的地が間違っていたら、目的地に到達することは無いでしょう。でも才能が無くても、目的地が明確であれば、一歩一歩進むことによって確実に目的地にたどり着くことが出来るのです。
　「競争相手ではなく、ゴールをしっかりと見て行動すること」とは、「外側の世界に興味を奪われることなく、神だけをしっかりと見て、ヨーガをすること」という、私たちにとって一番大切な教訓にすることが出来ます。

　「他のことを考えず、真我に意識を集中せよ」
　純粋知性によって真我への方向性が確立されたら、精妙なエネルギーで構成された超越意識の領域においては、もはや人間の限られた知能で考えること自体が意味の無いも

のとなります。人智を超えた領域に入っているからです。

　私たちが出来ることは、ただ真我に意識を集中すること
です。

　この節では、超越意識に入ってから、さらにもっと精妙
な宇宙意識へと入っていくときに留意する点も同時に示さ
れています。
　瞑想により、超越意識に入り、実在の状態を経験してい
ると、顕在意識における日常生活においても、物質世界に
対する無執着の感覚が強まってきます。物質世界での活動
が、幻想（マーヤ）世界で関わっているという感覚的なも
のが出てくるのです。
　そして、サマーディのある段階において、私は身体であ
るという観念が完全に超越する時が来ます。その時に身体
と真我も自己同一性が無くなります。
　この時には、純粋知性がこの状況を正しく把握し、純粋
理性を静謐に保っておくことが大切なのです。それによっ
て、さらに精妙な領域へとスムーズに進んでいくことが出
来るようになるからです。

　「あなたの道を主にゆだねよ。主に信頼せよ、主はそれ
をなしとげる」（詩篇 37：5）

「主を仰ぎ見て、光を得よ」（詩篇34：5）

　本書でもよく引用している詩篇は、その多くはイスラエルの王ダビデが神様に捧げた詩とされています。150篇にまとめられています。ダビデ王はさまざまな困難の時や歓喜の時など、いつでも素直な思いを神に捧げていました。

「あなたがたはわたしを尋ね求めて、わたしに会う。もしあなたがたが一心にわたしを尋ね求めるならば」（エレミヤ書29：13）

「まず神の国と神の義とを求めなさい。そうすれば、これらのものは、すべて添えて与えられるであろう」（マタイによる福音書6：33）

「合抱之木　生於毫末　九層之臺　起於累土　千里之行　始於足下」（老子）

　両手で抱えるほどの幹を持つ大木も、小さな芽から始まる。九層にも及ぶ高層建築物も低い盛り土から始まる。千里という長い道の旅も、足元の一歩から始まる。

「修行者たちよ、瞑想しなさい。精進潔斎し、心は欲望の対象から離れていなさい」（釈迦大師／ダンマパダ）

　「煩悩の穢れをすべて祓い、高慢を断ち、悪の根が根こ
そぎ抜かれ、願いも無く、求めることも無ければ、かれは
正しく世の中を遍歴するであろう」（釈迦大師／スッタニ
パータ）

yato yato niścarati manaś cañcalam asthiram
tatas tato niyamyaitad ātmany eva vaśaṃ nayet 6.26

**「動揺して不安定な心がいかなる理由で流浪しても、これを引き
戻して、真我にのみ従わせよ。(26)」**

　この節では、心が真我から離れて超越意識から自我意識
に戻り、不安定に彷徨い始めた時に、どのように心の動き
を導くべきかが説かれています。

　一度真我に達した普遍意識にある状態から、再び顕在意
識に戻ると、心は再びさまざまな想念に反応するようにな
ります。その時にその彷徨っている心の焦点を再び真我へ
と戻さなければなりません。

　人は真我に達することを望んでいるのに、なぜこのよう

なことが起きるのでしょうか？

　今、この場で本を閉じて、目を瞑り、自分の中のエネルギーを感じてください。
　次に今自分が持っているすべての既成概念を捨ててみてください。無になるまですべて捨て去ります。
　次に全く新しい未知のエネルギーを感じて、自分の中に取り入れてください。
　しばらくそのままそのエネルギーの揺らぎを感じましょう。
　最後にまた、自分の持っていたエネルギーを取り戻して、安心安全なエネルギーの中でくつろぎます。
　十分にくつろいだら、目を開きます。

　さて、多くの人は自分の持っていた馴染みのエネルギーの中に戻り、浸っていることに安心感があり心地よいと感じたことでしょう。
　人は、新しいエネルギーを好むけれども、その一方で今まで自分に慣れ親しんできたエネルギーも捨てたくないのです。だから、繰り返し新しいエネルギーを体験して、馴染んでいかないと、元のエネルギーに戻って安心したいという心の動きが出てきてしまいます。
　新しいエネルギーを入れるには、既存のエネルギーを捨

てるか、新しいエネルギーに繰り返し馴染んでいくかしか
ありません。

　だから超越意識にいても、初期の段階では顕在意識に引
き戻されるという現象が無意識に起こるのです。

　そもそも日常生活は、永遠なる境地から完全に分離され
たものではありません。そのため、超越意識から顕在意識
へと自分でも無意識の状態で行き来するのです。

「動揺して不安定な心がいかなる理由で流浪しても」
　ここに心が本来持つ三つの性質が記してあります。
「Cancalam（揺れ動く）」
「Asthiram（不安定）」
「Niscarati（流浪する）」
　心は揺れ動く性質を持っています。これら三つの性質は、
心が一つの考えに固まらないための自動調整運動です。心
はこのようにして柔軟性を保っています。

　これらの性質は抑えつけるものではなく、上手く自己調
整して利用していくことになります。

「これを引き戻して」には「niyamya」という語が使われ
ています。この単語には、抑える、引き戻す、退く、調節、
制御などの意味があります。この言葉は、人為的にという

よりも、あるがままに自然に調律していくという意味合いが強いようです。

　心の本来持つ性質を抑圧することなく、上手く引き戻して、再び真我に向かわせることになります。もう一つの心の性質、「心は一度に一つのことにしか真摯に専念できない」ことを利用するのです。

　抑圧することなく上手く引き戻すとは、どのようなことでしょうか？

　心が流浪する状態とは、主体と対象物と知覚が三位一体を形成する二元性の世界に戻ってきたということです。一方で、真我はそれらを超越した実在の中に在ります。

　上手く引き戻すためには、まず、瞑想の始めに雑念を抑圧しても無駄なことを示したように、心の対象物となるものに執着することなく、ただ受け流していくだけです。それは次第に自己を明け渡すことに繋がっていきます。

　自己の明け渡しとは、真の自己制御のことなのです。

　後は、前節にある通りです。前の節の言葉を真摯に忍耐強く実行し続けるのであれば、自ずと自動調整されていきます。

　旧約聖書には、たくさんの荒野が出てきます。荒野は、

聖書では重要な隠れた意味を持っています。

　イスラエルの先祖のアブラハムが、行き先もわからず出て行った場所は荒野でした。ヤコブが、神と格闘したのも荒野、モーセがエジプトから逃れたどり着いた後で、神様に導かれることを決めたのも荒野です。出エジプトの民が神に従わないで、四十年彷徨ったのも荒野でした。

　荒野は、流浪の場所というだけではなく、主の声に耳を傾けない者たちの学びの場所でもあり、また神へ立ち返る決心をする重要な場所にもなってきました。

　これらの聖書が意味するところの答えが、この節に簡潔に示されています。

　「私たち一人一人の内には、世界の混乱が侵入してくるのを許さない静寂の神殿があります。周囲で何が起こっていようとも、魂の内にあるこの静寂の聖域に入りさえすれば、祝福に満ちた神の存在を感じて、神の平安と力を受け取ることが出来ます」（スリ・ダヤ・マタ）

　「あなたの視点を変えなさい。内側を見なさい。そして真我を見出しなさい」（ラマナ・マハルシ）

praśāntamanasaṃ hy enaṃ yoginaṃ sukham uttamam

upaiti śāntarajasaṃ brahmabhūtam akalmaṣam 6.27

「私に心を固定して不動となったヨーガ行者は、最高の至福を得ることが出来る。激情（ラジャス）を超えて、至上霊ブラフマンに合一した境地を悟り、一切の罪から離れる。(27)」

　ここでは、言葉を完全に超越したブラフマンについて、美しく表現しています。

　「私に心を固定して不動となった」
　瞑想は、神に意識を集中する行為です。その瞑想が進んでいくにつれて、心の活動はゆっくりと鎮まっていきます。
　そして最終的に神に完全に意識が固定されて不動となった時、心の活動が止滅することになります。これが心を固定して不動となった状態です。

　「ラジャスを超えて」とは、三つのグナの性質の中でも最も活動性の高いラジャスでさえ超える、つまり三つのグナすべてを超越することを意味しています。
　この時点で、神聖な純粋意識の中にいることが示され、その境地は最高の至福であることも明確にされました。

　至上霊ブラフマンに合一した境地とは、神意識の中に溶け込んでいることです。

　この境地では、二元性の行動からは離れているために、いかなる行動も神の摂理に合ったものとなり、罪（負のカルマ）は無縁のものとなります。

　「あなたの心を照らす光を見つめなさい。昼の光でも、月明かりでもなく、宇宙創造主の光を見つめなさい」（エドガー・ケイシー）

　「永遠で　限界無く　すべてに遍満して　最も微細で内も外も無く、自分そのものだと。

　このように完全に自分の本質を理解したなら　あなたは罪を離れて、穢れからも離れて　死からも解放されよう」（シャンカラ／ヴィヴェーカ・チューダーマニ）

yuñjann evaṃ sadātmānaṃ yogī vigatakalmaṣaḥ

sukhena brahmasaṃsparśam atyantaṃ sukham aśnute 6.28

「このように常にヨーガの実践を行い、物質界の汚れを離れたヨーガ行者は、ブラフマンとの結合という究極の歓喜の境地に到達する。(28)」

15 節では、「心を制御したヨーガ行者は、物質世界を脱却し、平安の神の王国に到達する」と書かれ、この詩節では「穢れを離れたヨーガ行者は、ブラフマンとの結合という究極の喜びの境地に到達する」と、段階を経てさらに進んだ結果の境地が示されています。

　この節も、サンスクリット語をそのままマントラにしても良い美しい詩節です。

　この 28 節の前半部は、15 節の前半部ととてもよく似ています。

　15 節

　yunjann evam sadatmanam　yogi niyata-manasah

　（このように常に自己の統制に努めていれば、心を制御したヨーガ行者は）

　28 節

　yunjann evam sadatmanam　yogi vigata-kalmasah

　（このように常にヨーガの実践を行い、物質界の汚れを離れたヨーガ行者は）

　15 節では「心を制御したヨーガ行者」、28 節では、さら

に瞑想の実践が積み重ねられて、「物質界の汚れを離れた
ヨーガ行者」となっています。

　その結果も、15節では「物質世界を脱却し、平安の神の
王国に到達する」、28節で「ブラフマンとの結合という究
極の歓喜の境地に到達する」となります。

　この両節の状態については、是非しっかりと読み、書き
出し、洞察し、瞑想してみてください。

　物質界の汚れとは、行動によって生じた不調和なエネル
ギーの蓄積、自然の法則に沿わないもののことを指してい
ます。これらは、ヨーガの実践を積み重ねることによって、
清浄化されていきます。

　「常に」とは、もはや世俗のことには眼もくれずに、常
に至高の存在に意識を向けている状態に在ることを示して
います。

　水晶を求めて山に入った人が、水晶の一部が露出してい
る岩を見つけた時、岩の中に埋没している水晶しか目に入
らなくなります。岩を削り、水晶を露出している間も、岩
に関心を示すことなく、水晶のみに意識が集中されます。
真理の片鱗を垣間見た場合にも、同じことが起こります。

「物質界の汚れを離れた」

　ヨーガの実践の繰り返しによって、心が調い、平安になればなるほど、感覚は精妙さを増していき鋭敏になるため、心のわずかな汚れにも気が付くようになります。そのため、さらに心の汚れをきれいに清浄にしていくようになっていくのです。

　このようにして、心は最高度まで洗練されて、完全に純化していくことが可能となります。

　心が完全に純化された時に、ブラフマンを認識することが出来ることもここで示されています。瞑想の実践により、心の不純物をすべて取り除き、超越意識へと導き、ブラフマンとの合一という道の流れと、その境地に究極の歓喜があるという状態も示されています。

　この記述には、多くの人を瞑想の絶え間ない実践へと促す力を持つ言霊が感じられます。

　「心にある無智の結び目を完全に断ち切り、無欲となった者を、もはや如何なる感覚器官の対象がこの世的活動に向かわせようか？」（シャンカラ／ヴィヴェーカ・チューダーマニ）

　「心身脱落」（道元／正法眼蔵）

　道元禅師が中国留学中に、如浄禅師から「心塵脱落」という言葉を受け取り、それに自らの修行の成果を加えて読み替え、「心身脱落」という語を生み出しました。この二つの言葉の違いをよく洞察してみてください。

　「集中の修得は、次第に拡大して、根源的原子から最も巨大なものにまで及ぶ」（ヨーガ・スートラ第一章 40）

　「心は内面に向かい、真我の中に溶け去らねばならない」（ウパデーシャ・サーラム）

　「すべてのヨーガ行者の無恐怖や苦悩の消滅、覚醒、不滅の平安は、心の制御によって成される」（マーンドゥキャ・ウパニシャッド）

　「正しい悟りの境地に到達し、神の至福に浸り、瞑想に専中している心ある人は、世俗から離れた静寂を楽しむ。神々も彼らを称賛する」（釈迦大師／ダンマパダ 181）

sarvabhūtastham ātmānaṃ sarvabhūtāni cātmani
īkṣate yogayuktātmā sarvatra samadarśanaḥ 6.29

「ヨーガによって心が調和した者は、万物の中に自己を見、自己の中に万物を見る。彼は万物を同等に見ている。(29)」

　超越した意識の中では、自己がすべての創造物と共に神へ溶け込むことになります。この神の一元性という状態が維持されると、あらゆる多様性が一つの霊光の中に統一され、さらに一つの霊光が万物万象を創りあげることを認識することになります。

　こうして一元性という境地に至った時に、神と被造物の真の関係を明確に理解することが出来るのです。

　もはや優劣や大小といったあらゆる面での差別は無く、小さな虫も大きな樹木も巨大な星も、すべての存在は同じ光のエネルギーで出来ている同等なものという認識だけが残ります。

　永遠無限の至上霊ブラフマンの意識のほんの一部の純粋知性が、さまざまな被造物を創造します。純粋知性の元に、恒星を想えば恒星が創られ、木を想えば木が創られ、微生物を想えば微生物を生じます。

　私たちは、そのエネルギーをオームという音霊によって知ることが出来ます。それら多様な創造物の根本には、す

べてに共通の無限の意識が遍在しています。

　創造の世界においては、比較や相違という感覚はありません。

　大海の表面に波が生じても、またそれはすぐに海に戻り、比較対象が無いことに似ています。海の中からかつて存在した波の一部分だけを取り上げて、優劣をつけることは出来ないのです。

　大海の中には、すでに潜在的に波となって現れる部分が、ブラフマンの意識の中に存在しています。同じようにこの宇宙も、永遠無限の意識の中に存在しています。宇宙の生成も消滅も、ただ永遠無限の意識の一部の純粋知性が動いた結果です。

　万物と同じように、時間も永遠無限の意識から生じますが、その意識自体は時間という観念に組み込まれることはありません。

　「宇宙の中心に大いなる魂ワカンタンカが宿っていることを悟った時、そして、宇宙の中心というのはあらゆる所にあって、我々ひとりひとりの中にもあるとわかった時に、心に平和がやって来る」（北米先住民オグララ・ラコタ族ブラック・エルク）

「ユダヤ人もギリシャ人もなく、奴隷も自由人もなく、男も女もない。あなたがたは皆、キリスト・イエスにあって一つだからである」（ガラテヤ人への手紙3：28）

　「高いものも深いものも、その他どんな被造物も、わたしたちの主キリスト・イエスにおける神の愛から、わたしたちを引き離すことはできないのです」（ローマ人への手紙8：39）

　「偉大なる祖父よ、翼を持つ兄弟姉妹、大地に根を張る兄弟姉妹、大地を這う兄弟姉妹、浜辺に暮らす兄弟姉妹、海や河を泳ぐ兄弟姉妹をお救いください。白い肌の兄弟姉妹をお救いください」（北米先住民プヤラップ族ラモーナ・ベネット）

　「母なる大地に生きる小さな草々を見つめて心を一つにしましょう。あらゆる草花、木々、地球上すべての水、魚、動物たち、鳥たち、そして聖なる四方から吹いてくる風。これらすべてと心を一つにしましょう」（北米先住民オノンダガ国族長オードリー・シェナンドア）

　「偉大なる精霊グレイトスピリットは、すべての生命の中に、あらゆる生き物、植物、岩や鉱物の中にまでも、そ

れは宿る。すべてのものは、自分の意志を持ち、自分のや
り方を持ち、自分の目的というものを持って存在している。
だから敬意を払わなくてはならないのだ」（北米先住民ネ
ズ・パース族ローリングサンダー）

yo māṃ paśyati sarvatra sarvaṃ ca mayi paśyati

tasyāhaṃ na praṇaśyāmi sa ca me na praṇaśyati 6.30

「万物の中に私を見、私の中に万物を見る者は、私を見失うこと
もなく、私が彼を見失うこともない。(30)」

　一元性という境地に至った時に、神と被造物の真の関係
を明確に理解することが出来た者が、永遠無限の至上霊を
見失うことは絶対にありえないことです。そこで見出され
た確固たる繋がりは、二度と見失うことがありません。

　それが私たちの魂の属性だからです。

　この真理の存在の認識が実現した時に、すべての事象は、
その存在の中に融けて一体化することになります。

　その時、真我は、至上霊のエネルギーが全宇宙のあらゆ
るレベルに遍満しているという認識の元で、実在の世界を

基盤として生きていくことになります。

　それは、社会的な仕事に従事していても、家事をしていても、戦争に参加していても、変わることはありません。

　静かに瞑想している時も、激しい活動に従事している時でも、その人の本質は永遠無限の霊光の中に安らいでいることになります。

　「万物の中に私を見る」

　永遠無限の霊光の中では、自分が太陽であり、空であり、大地であり、草花であり、山であり、虫であり、風でもあるという、すべての万物万象の本質が一体化する境地になります。

　それは「すべては一つ」という、万物万象がブラフマンから生まれ、ブラフマンの中に在るという神理そのものに「在る」ことになります。

　それは、純粋意識の中では、ブラフマン、真我、すべての存在の精髄が同じ究極の至高の光そのものだからです。

　その境地に到達した人の行動は、神の国に安住しながら、無常の地上での肉体を纏って活動しているようなものです。これは、無我の境地とも言います。

　その時には、地上で行動しながらも、外の世界にも内側の世界にも、あらゆる所、すべてのものの中にも、神の光

を見ることが出来るでしょう。その境地では、宇宙空間すべてが至福の光に満たされていて、人が生きる唯一の目的を知っていることになります。

　この節は、惟神の道を正しく歩んでいるすべての求道者にとって祝福となるものです。

　「五大元素（土、水、火、風、空）、太陽、月、魂から成る全宇宙を神の姿と見ることは、神への優れた礼拝である」（ラマナ・マハルシ）

　「法は行蔵なし、人に随って去来する」（空海／御請来目録）
　法（至上霊）は現れたり隠れたりするわけではない。その人の心の在り方によって、現れたり、隠れたりするのだ。

　「サルヴァブータアンタル アートマ（すべてのものに内在するアートマ）を認識するためには、すべての生きとし生けるものに対する崇高な愛を育まなければなりません。アートマはすべてに遍満するのです」（サティヤ・サイ・ババ）

　「われらが父なる大霊よ。わたしたちを真実の道へ導き

給え」（北米先住民サンダンスの祈りより）

　「主は、「わたしは、決してあなたを離れず、あなたを捨てない」と言われた」（ヘブル人への手紙 13：5）

　「主は言われる、わたしがあなたがたに対していだいている計画はわたしが知っている。それは災を与えようというのではなく、平安を与えようとするものであり、あなたがたに将来を与え、希望を与えようとするものである」（エレミヤ書 29：11）

　「主を探し求める者には、常に聖霊が共に居て下さる」（エドガー・ケイシー 3621-1）

　「光に輝く松の葉も、波打ち際のすべての砂粒も、深い森の中に拡がるすべての霧の粒子も、すべての草原も心地良い音を立てる虫たちも、
　私たちの記憶と経験の中において、そのすべては神聖なもの。
　我々は、樹の中を流れる樹液が、我々の血管を流れる血と同じであることをよく知っている。我々は母なる地球の一部であり、母なる地球は我々の一部でもあるのだ。
　野に香る花々は、我々の姉妹。

　クマやシカ、空を飛ぶ偉大な鷹は、我々の兄弟。

　険しい岩山も、草原の朝露も、ポニーの体のぬくもりも、そして、人も、すべては同じ家族に属している。

　小川や河を流れるきらめく水は、単なる水ではなく、我々のご先祖の血でもあるのだ」（北米先住民ドゥワーミシュ族シアトル酋長）

sarvabhūtasthitaṃ yo māṃ bhajaty ekatvam āsthitaḥ
sarvathā vartamānopi sa yogī mayi vartate 6.31

「万物と一体になり、万物に宿る私を礼拝するヨーガ行者は、どのような生活をしていても、私の中にいる。(31)」

　「万物と一体になり」とは、すでに創造世界の最高レベルである一元性の境地に安住し、神と万物との関係性を明瞭に理解し、宇宙の摂理に沿って生きていることになります。肉体を持ちながらも、肉体という牢獄から魂が自由に解き放たれている状態です。

　「万物に宿る私を礼拝する」の「礼拝」とは、神に対する、信仰、信愛、献身、崇拝、帰依のすべてを含んでいます。

この時、すべての思い、言葉、行動が神への捧げ物へと変容します。

「私の中にいる」とは、肉体という小さく暗く硬い物質に限定されていた感覚から、宇宙の万物万象すべてが霊光の海に溶け込んだような感覚に移行した状態です。

「どのような生活をしていても」
霊光の中にいる至福の状態であろうと、日常生活や仕事の状態であろうと、一度神意識を体験すると、二重の存在を生きているような感覚になることがあります。このようになると、現世での仕事をしっかりと行いながらも、内側の世界では至福が拡がっていることになります。

でも、これがゴールではありません。惟神の道は、永遠に続いていきます。だから神道には悟りという概念がないのです。
私たちは、粗大な波動を通して、精妙な波動を見つけ出します。そしてその見つけ出した精妙な波動を伝って、さらに精妙な波動を見つけて辿っていくことになります。

「我々は、唯一なる存在である真の神を知っている。そして、絶えずその神に祈りを捧げる」（北米先住民オグララ・

スー族ブラック・エルク）

　「宇宙には私たちを全ての他の生命とつなげてくれるエ
ネルギーがあります」（北米先住民トゥラリップ族 ニスカ
リー族ジャネット・マクラウド）

　「わたしはあなたと共にいて、あなたがどこへ行くにも
あなたを守り、あなたをこの地に連れ帰るであろう。わた
しは決してあなたを捨てず、あなたに語った事を行うであ
ろう」（創世記 28：15）

　「恐れてはならない、わたしはあなたと共にいる。驚い
てはならない、わたしはあなたの神である。わたしはあな
たを強くし、あなたを助け、わが勝利の右の手をもって、
あなたをささえる」（イザヤ書 41：10）
　イザヤ書は、イスラエルの南ユダ王国で紀元前 740 年～
690 年ころまでの 50 年間を預言者として活躍したイザヤ
が、神の御言葉を記した書です。

　「神はあなたがたをかえりみていて下さるのであるから、
自分の思いわずらいを、いっさい神にゆだねるがよい」（ペ
テロの第一の手紙 5：7）

「我々はすべてのものの中に、太陽や月や樹々や風や山々の中に、大霊の働きを見てきた」（北米先住民ストーニィ族長ウォーキング・バッファロー）

　「神を瞑想することに安らぎを求める以外には、世俗の不安や苛立ちから解放される道はありません」（アーナンダ・マイー・マー）

ātmaupamyena sarvatra samaṃ paśyati yorjuna
sukhaṃ vā yadi vā duḥkhaṃ sa yogī paramo mataḥ 6.32

「アルジュナよ、喜びや苦しみがどこにあっても、それを自分のものと同じ基準で見る者は、最高のヨーガ行者とみなされる。(32)」

　真我への瞑想によって、無智のベールを取り払うことが出来ます。それによって自己制御を達成し、喜びも悲しみも、快楽も苦痛も、平等に見ることが出来るようになります。
　無智の中にいて自己制御できない人は、物質世界の快楽が苦悩に変容する表裏一体のものであることを理解できていません。

　人が快楽を楽しんでいるのではなく、快楽が人を蝕んでいるのです。人がお酒を飲んでいるのではなく、お酒が人を飲んでいるのです。

　現世の喜びと苦しみは、無智の中にいる人にとっては現実でも、自己制御したヨーガ行者にとっては幻影（マーヤ）でしかありません。

　無智の中にいる人にとっては、現世の喜びと苦しみは、執着と欲望の種子になります。喜びから執着が生まれると、やがて苦しみに代わっていきます。すると苦しみから欲望が生まれます。それがまた喜びへと変わり……。
　無智が取り払われない限り、この喜びと苦しみを繰り返し続けてしまいます。でも、いつかこの苦しみから、霊的関心が芽生える日が来るはずです。

　無智の中にいる人たちは、物質的な現実が精神的な実在よりも重要であるという誤った認識に強固に囚われています。そして、物質世界というすべてが儚く変化する世界に、永遠の幸せを求めて依存しているのです。
　現世の喜びとは、動物的な快楽や人間的な幸福になりますが、どちらも束縛があることにすら気が付いていません。

自己制御したヨーガ行者にとっては、現世の喜びと苦しみは、無執着の種子にしかなりません。どんな感覚の対象であっても、そこに自我の感覚が無いので、喜びにも苦しみにも執着することもありません。あらゆる感覚の対象物への執着、欲望、期待という束縛から完全に離れているのです。

　このような人たちは、現世の喜びの代わりに実在の至福を味わいます。至福は神性であり、すべての束縛から解き放たれたものになります。

　これが最高のヨーガ行者、惟神の道を歩む者です。

　「この世の喜びと苦しみは、あなた方自身の儚い影だということをいつも自覚しておきなさい。神の力と戯れることが、永遠の平穏と至福をもたらします」（アーナンダ・マイー・マー）

　「あなたがたの父なる神が慈悲深いように、あなたがたも慈悲深い者となれ」（ルカによる福音書6：36）

　ルカによる福音書は、キリスト教に改心したギリシャ人の医師ルカが、ローマの高官宛に報告のために書いた記録書です。

arjuna uvāca

yoyaṃ yogas tvayā proktaḥ sāmyena madhusūdana

etasyāhaṃ na paśyāmi cañcalatvāt sthitiṃ sthirām 6.33

アルジュナ

「クリシュナよ、あなたはこのヨーガが万物を同等に見る境地であると語った。しかし、心が動揺していて、私には不動の境地が見えない。(33)」

　アルジュナは、26節において、心が揺れ動き不安定である性質を理解しました。

　そこでこの揺れ動く心が、どうのように万物を同等に見る境地を維持できるのかを知りたいと思っています。

　不安定な本質を持つ心を使って、不動の境地に達することが出来るのか、また達した場合にはその状態を維持できるのかという質問です。

　本書を読んでいる方々の中にも、素晴らしい霊的体験をしてきた方もいると思います。でも、その状態はどれだけ長続きしたでしょうか？限りなく眩しい霊光を浴びても、すぐにまたいつも通りの日常に戻っているのではないでしょうか？

アルジュナは、揺れ動く心は抑えられても、それが安定しないことを訴えているのです。

　瞑想においては、心は絶えずたくさんの想念にさらされます。多種多様な想念を相手にしていると、想念はどんどん力をつけて襲ってきます。

　想念の中には邪悪なものも、清らかなものもあるでしょう。このような状態から脱する方法をアルジュナは求めています。

　ここで、現在置かれているアルジュナの状況を思い出してください。ドゥルヨーダナ率いる敵と向かい合い、戦争が始まる直前の状況です。

　これは心の中の想念との闘いの象徴でもあります。戦争直前、目の前に敵がいる状況では、不動の境地になれないことは明白です。

　それでもアルジュナは、この状況を克服しなければなりません。

　ここでのアルジュナの質問は、ここまでギーターを真摯に読み進み、実践を積んできた人々への中間試験のようなものでもあります。

　ここでアルジュナは、クリシュナのことを「マドゥスー
ダナ」と呼んでいます。この名は、クリシュナがかつて悪
魔マドゥを殺したという意味が込められています。つまり
邪悪なものを克服した人という意味です。

　すでに心の中の邪悪なものと戦い、勝利し、万物を同等
に見る境地に至ったクリシュナに、その体験から得たこと
を真摯に学びたいという姿勢が出ている呼びかけです。

　またそれと同時に、自分の心の中に潜む悪魔マドゥを、
クリシュナの力で消し去って欲しいというアルジュナの願
いも込められています。

　ギーターの中で、クリシュナはさまざまな名称で呼ばれ
ています。

　神には、とても多くの名前があることに注目してくださ
い。それは、神がさまざまな活動領域に応じた名前で呼ば
れるからです。

　神は、永遠無限の絶対的な存在であり、その活動も無限
にあるので、さまざまな名前があるのは当然になります。

　サザエさん一家では磯野波平さんのことを、サザエさん
は「お父さん」と呼び、タラちゃんは「おじいちゃん」と呼び、
フネさんは「あなた」、カツオくんは「父さん」、マスオさ
んは「義父さん」と呼びます。同じ人間でも人間関係によっ
てさまざまな呼び名があります。

世界中には無数の神々の名前があります。この日本にも
さまざまな神の名前があります。これらはすべて、一つの
神の無限の多様性の一つの側面を表したものになります。

　至高の創造神は、「一」なるものです。一なるものが創
造した全宇宙は、「0（ゼロ）」です。
　1に0が来ると10となり、もう一つ0を加えると100と
なり、さらに0を加えると1000になります。このように1
を中心として宇宙は創造され、発展していき、多様性が確
立されています。
　至高の創造神である1が消えれば、100も1000も何も無
い0にしかなりません。1がすべてを価値あるものにして
いるのです。
　日本の八百万の神も同様です。8000000であっても、最
初の無限大∞が消えれば、あとはすべて0になります。

cañcalaṃ hi manaḥ kṛṣṇa pramāthi balavad dṛḍham

tasyāhaṃ nigrahaṃ manye vāyor iva suduṣkaram 6.34

**「クリシュナよ、心が動揺して荒れ狂い、強烈で頑固である。心
を抑えることは、風を抑えるほどに難しいと私は思う。(34)」**

　アルジュナは、ここで心のさまざまな本性を列挙して、
それらをどうやって統率できるのかを知りたいと思っています。

　これは瞑想する人すべてにとっての課題でもあります。

　特に現代社会では、過去の情報に基づいて行動指針が決
められてきたことが多くあります。しかも、その決め事も
他人が決めたことであることが多く、それに盲目的に従っ
てきたのです。

　それが習慣化すると、自分自身が責任をもって何か広く
未知なるものに入っていき、本来の自分自身と直面するこ
とを躊躇するようになってしまいます。

　社会は、道徳規範として、人の言葉に耳を傾けることは
美徳としながらも、自分の魂の言葉に耳を傾けることは隠
してきたのです。

　アルジュナのこの質問は、この章のすべてをしっかりと
復習すべきであるということを示しています。

　いま一度、心に生じる無数の欲望と感情に向き合ってみ
るのです。それは、社会生活で習慣化された行動指針を破
壊するためです。

　習慣というものは、なかなか簡単に破壊することが出来

ません。

　習慣と欲望という雑草は、草刈りしてもまたすぐに伸び
てきます。それは根が残っているからです。しっかりと向
き合い、理解して、根ごと抜き去らなければならないので
す。

　私たちは誰でも、無視されることを嫌います。だから友
人たちとは、よく会ったり、SNS などでこまめに交流した
りします。
　でも外側の世界に夢中になるあまり、自分の真我を無視
していることには気づかない人が圧倒的です。だから内面
に向かうときに、風を抑えるほどに難しいと感じてしまう
のです。

　現在地球に起き始めた大きな変化、人類が気づかないレ
ベルで進行している宇宙の大きな変化は、すべて私たちの
身体や心で起きている内面の世界の変化の反映です。
　今、目に見える領域と目に見えない領域の境目が緩く
なっています。この時期に霊性修行を行うのは、霊性進化
の絶好のチャンスなのです。

　内観を続けると、本当に心の底から願うものが明確に
なっていきます。それは、物質的な願望や利己的な利益で

はないはずです。

「本来の自分になりたい。自分の魂を輝かせたい。真我と一体化したい。多くの人たちを幸せにしたい。美しく平和な未来を創りたい……」。

魂の願いは、物質界を超えて、二元性を超越したものです。人は、自分自身が本当に望む願いを引き出し掲げたとき、怖れや不安を克服して、勇気をもって未知なる世界に飛び込むことが出来ます。

ここで重要なのは、「サティ（気づき）」と「正知（サンパジャンニャ）」です。

人体は、想像をはるかに超えて優れた機能を有する目と耳を持っています。

両目で外側の世界をしっかりと見て観察するように、第三の目で内側の世界をしっかりと見て観察しましょう。

両耳で外側の世界の音をよく聴くように、霊耳で内側の世界の魂の声をよく聴いてみましょう。

霊的な感覚器官は、使えば使うほど発達していきます。それが心の中で、荒れ狂うように思える嵐を、鎮めていくことになっていきます。

「わたしを主よ、主よ、と呼びながら、なぜわたしの言

うことを行わないのか」（ルカによる福音書6：46）

śrībhagavān uvāca
asañśayaṃ mahābāho mano durnigrahaṃ calam
abhyāsena tu kaunteya vairāgyeṇa ca gṛhyate 6.35

「勇士よ、確かに心は動揺し、制御することが難しい。しかし、実践と無執着によってこれを制御することはできる。(35)」

　クリシュナはここで、心は揺れ動き、制御することは難しいことを認めています。

　心は本来、生存のため、そして霊性進化のために常に動き回る性質だからです。それが自然の摂理であり、その動く性質を上手く正しい方向へと誘導すればよいのです。

　クリシュナは、さらにここで、実践と無執着の二つによって、安定した場が獲得できることを明確にしました。

　実践の重要さは、すでに多くの章において詳述しています。

　無執着は、霊性の高い生活をする上での中心課題でもあります。

　無執着についても、すでに前巻までに詳しく言及しましたが、それは無関心や冷淡や責任放棄ではありません。

　あらゆる存在や事象に対して適切な敬意と価値観を持ち、過不足なく適切に扱うことを意味します。そこには真の自由があります。エネルギーの波長が高まり、精妙になるにつれて自由度が増していきます。それは瞑想にも反映されて、瞑想の質が高まっていきます。

　執着になると、個々の存在に対しての好き嫌いから偏った扱いをするようになり、結果的に低い波動に囚われた状態に留まることとなり、真の自由は失われます。

　執着は、愛する気持ちを束縛や憎悪に変容させることがあります。

　執着の原動力になっているエネルギー自体は、悪いものではありません。それは人を愛するエネルギーと同じものです。ただ、その使い方が間違っているだけです。

　16世紀の北インドの聖者ゴースワーミー・トゥルシーダースは、結婚当初は美しい妻であるラトナーヴァリーに非常に強い愛着を持っていました。

妻に対する執着が強すぎるあまり、彼は妻と一日でも離れることが我慢出来ずに、妻が実家に帰った時にも、そこまで追いかけていったほどでした。

　トゥルシーダースの執着があまりにも強すぎたので、妻は「あなたが私の身体を愛するような情熱的な愛で神を愛すれば、あなたはきっと光明を得るでしょうに」と叱りつけました。

　妻の言葉は、鋭い雷のように彼の全身を貫きました。愛する妻の言葉で目が覚めたトゥルシーダースは、決死の思いで妻と別れて修行の旅に出ます。

　妻へ向けられていた熱狂的な愛を、そのまますべて神に向けたのです。そして最終的に悟りを開くことが出来たのでした。

　トゥルシーダースは、各地を転々としながら、数々の奇跡を人々に見せたという記録もあります。

　ある時、ムガル帝国のアクバル皇帝は、人々を惑わすとされるトゥルシーダースを捕えて牢屋に投獄しました。トゥルシーダースが、獄中においてハヌマーンに祈りを捧げたところ、突如、猿の大群が出現してムガル帝国軍に襲いかかりました。

　その報告を受けた皇帝は、トゥルシーダースを直ちに釈

放し、彼の足元に跪いて「聖者よ、お許しください」と謝罪しました。その後、アクバル皇帝と聖者は、お互いに親交を深めていったそうです。

　惟神の道を歩み続ける限り、真の無執着は必須のものになります。

　無執着を達成する秘訣は、神への愛であり、真我への渇望です。これらの気持ちは人の思いを崇高な境地へと引き上げる力を持っています。

　神への強い愛を育みながら、執着を消していくことが最も効率の良い方法です。

　神への強い愛なしで、無執着を達成するのはとても困難です。神への愛なしでは、心の方向性が定まらないからです。

　「まさしく主が克服されたように、我々もそのように出来る」（エドガー・ケイシー 281-7）

　「神に従いなさい。そして、悪魔に立ちむかいなさい。そうすれば、悪魔はあなたがたから逃げ去るであろう」（ヤコブへの手紙 4：7）

asaṃyatātmanā yogo duṣprāpa iti me matiḥ

vaśyātmanā tu yatatā śakyovāptum upāyataḥ 6.36

「自己を制御できない者がヨーガを達成することは難しいと、私は認める。しかし、自己を制御して、適切な方法で努力すれば、これを達成することができる。(36)」

　ここでいう「ヨーガ」とは、神との合一を意味しています。
　ヨーガとは、心の働きを止滅することであるため、自己を制御できない者がヨーガを達成できないことは当然の結果となります。

　放棄のヨーガの章（第5章）で詳述した通り、ヨーガを達成すると、真我は活動から離れていることを真に理解することになります。そしてそれによって、心の静謐さが実現できることになります。
　その前段階として、自己の制御は必須なのです。

　自己制御には放棄が必要ですが、これがなかなか難しい課題となります。
　放棄には三種類あります。
1. 外的には、物質面も行動面も放棄したが、内的には、い

　まだに世俗的な興味が尽きることなく、快楽に対する欲
　望を隠している放棄
2.外的にも内的にも放棄した状態を強い意志の下で実現し
　ているが、ヨーガの達成には至っていない状態の放棄
3.ヨーガを達成した人の真の放棄

　なぜ自己制御に放棄が必要なのかというと、あらゆる行
動、あらゆる思想には潜在的な怖れが隠れているからです。
　富には富の損失や貧困になる怖れ、美には醜くなるとい
う怖れ、美徳には妬みという怖れ、名声には嫉妬や屈辱な
どの怖れ……。二元性の世界は、何もかもが不安定に揺れ
る千変万化という性質を持つために、振り子のように両極
へ動き続けることが常にあります。だから、あらゆること
に怖れが付きまとうのです。
　その怖れを完全に無くすための最良の方法が、真の放棄
であるということになります。

　ここでクリシュナは、ヨーガ達成の必要条件を三つ掲げ
ました。
・自己制御
・適切な方法
・努力

この三つすべてが、実践のための条件になります。何か特別な方法でもなく、特定の教えにしがみつくわけでもなく、ヨーガの心得を簡潔に表現しています。

　これら三つの条件に共通していることは、どれも真我に向かっているということだけです。真我に向かって実践しているということは、内なる神性の中に生きているということです。

　人の持つ優れた性質の一つに、浸透力があります。人は、周囲の波動を自分の中に浸透させて取り入れる性質を持っているのです。

　善い波動が周囲にあれば、善い波動を自分の中に浸透させていきますし、悪しき波動が周囲にあれば、悪しき波動を自分の中に浸透させてしまいます。悪しき波動を浸透させることは、新品の白いシャツに醤油をこぼすようなものです。

　真我に向かっている時には、周囲に神聖な波動を集めることになるので、自分の中に神聖な波動を浸透させていくことになります。

　出来ることを出来ないと投げ出してしまうことを「懈怠」と言います。いわゆる、怠け心です。出来ないことを出来ないと正しく知ることは「諦観」と言います。

　これらの言葉があるのは、人にはそれぞれ出来ることと
出来ないことがあるからです。

　ここでクリシュナははっきりと、「達成することが出来
る」と明言しています。これはアルジュナに言うのと同時
に、地上にいる人全員に向けて説いていることです。

　地球上にいる人は、誰もが霊的に未熟であり、だからこ
そ地上で学んでいます。でも未熟であると同時に、大いな
る霊光を放つ真我を内側に持ち、さらにはすでに大いなる
神の霊光に包まれている存在であることを自覚しておくこ
とが大切です。

　だからこそ「誰もが達成できる」と、クリシュナは明言
しているのです。

arjuna uvāca
ayatiḥ śraddhayopeto yogāc calitamānasaḥ
aprāpya yogasaṃsiddhiṃ kāṃ gatiṃ kṛṣṇa gacchati 6.37

アルジュナ
「**信仰心があっても、自己を制御することができず、心がヨーガ
からそれた者は、ヨーガを達成することができず、どこに行くのか。**

クリシュナよ。(37)」

　アルジュナは、なおクリシュナに質問します。

　この問答は、魂は決して孤独で孤立したものではないということを暗に示しています。

　地球上に降りてきた魂は、いつかの段階で神から分離された孤独感や孤立感を味わいます。そして、自分一人ではこの困難に立ち向かい、克服することが出来ないのではないか、という気持ちにさせられます。

　でも、アルジュナの質問にクリシュナがいつも答えてくれるように、私たちにも神がいつでも寄り添い、真我がいつも見守り、さらには物質世界を超えた領域にいる無数の魂たちが、地上の魂たちを支えてくれているという思いにさせてくれます。

　私たちは、誰一人、孤立していない。孤立を感じるのは、自分自身の心を閉ざした時だけなのです。

　アルジュナのここでの質問は、24節から28節までの教えを踏まえて、クリシュナの説かれたことが達成できるかどうかわからないという思いから発せられたものです。さらにアルジュナは、クリシュナが説く神と合一するための

王道の他にも、信仰心が強ければ、もっと別の道があるのではないかという期待を持ったのかもしれません。

アルジュナが、自分だけでなく、地球上にいるすべての人の代表として質問している姿勢がうかがえます。

「狭い戸口から入るように努めなさい。言っておくが、入ろうとしても入れない人が多いのだ」（ルカによる福音書 13：24）

「あなたがたは、心を騒がせないがよい。神を信じ、またわたしを信じなさい」（ヨハネによる福音書 14：1）

ヨハネによる福音書は、イエス・キリストの 12 人の弟子の一人ヨハネによって、イエスの恩恵を後世の人々に広げていくために書かれたものです。

kacchin nobhayavibhraṣṭaś chinnābhram iva naśyati
apratiṣṭho mahābāho vimūḍho brahmaṇaḥ pathi 6.38

「両方から脱落した者はブラフマンへの道の途上で迷い、よりどころもなく、ちぎれ雲のように消えてしまうのではないか。(38)」

この節は、すでに超越意識に達した人が、さらなる高み
に上っていく時の質問になっています。

　霊性進化の道をある程度まで進んだところで高度な険し
い道に直面した時に、実践を辞めてしまった人の運命はど
うなってしまうのかという質問内容です。

　山登りでいえば、森林限界を超えて険しい岩稜に取り付
き、上り始めた時点で、どのようにアプローチしていけば
よいのかを聞いているのと似ています。

　一歩間違えれば、岩稜から滑落して死に至るほどの危険
性があるかもしれない、とアルジュナは考えます。山の岩
稜は不動のものですから、滑落するかしないかは、クライ
マーのアプローチ次第となります。

　ブラフマンへの道の途上で迷うとは、求道者が実践を諦
めたか、正知が出来なかったか、心に迷いが生じたか、い
ずれにしても求道者側の問題であることは間違いありませ
ん。

　それゆえアルジュナの質問には、真剣さが増しています。

　アルジュナが考えていることは、このような高度な道に
入った場合、途中で道を失えば、よりどころが無くなるの
ではないか、ということです。岩稜を途中まで登った時点

で、次のアプローチがわからない場合、上に行くのも危険、
下に降りるのも危険という状態になります。

　ここでの「よりどころもなく」とは、超越意識を知らな
いレベルに戻ることも出来ず、さらなる高みに上っていく
ことも出来ず、という状態を意味しています。

　「ちぎれ雲のように消えてしまうのではないか」とは、
二つの両極の意味を兼ねている面白い表現です。

　一つは、大きな母雲から離れてしまい、消えていく不安
を表したもの。このような事態は、想像しただけでも破滅
的であるという怖れを表現したものです。

　もう一つは、自分の自我がちぎれ雲となって消えていく
様子をも暗に示しています。自我の終焉は、超越意識から
見ると望ましい事ですが、顕在意識から見れば自分のアイ
デンティティが消えてしまうのではないかという怖れもあ
ります。

　ブラフマンへの道の途上から脱落した状態であっても、
それまでの功徳で自我は消える方向へと動いています。そ
れに対してクリシュナは、40節において明確に答えていま
す。

　「孤雲定処無く、本自り高峰を愛す」（空海／遍照発揮性
霊集）

自分の自我を小さな雲に見立てて、小さな消えていく自我であっても、高い峰（神）を愛する気持ちを表しています。

　「大空が雲とは関係しないように、私は肉体とは関係しない。それゆえ、なぜそれに属する、覚醒や夢眠、深い眠りが、私に影響を及ぼせるでしょうか？」（シャンカラ／ヴィヴェーカ・チューダーマニ500）

　前回の質問の中でアルジュナは、「風を抑えるほどに難しい」といい、今回は「ちぎれ雲のように消えてしまうのではないか」という表現で質問しています。
　果たしてアルジュナ自身が、このように思ったことを発言しているのでしょうか？
　アルジュナは、これまでに数々の苦難に立ち向かい、功績を残した偉大な戦士であり、有能な政治家でもあります。とても気高く、優しく、崇高な志を持っています。そして、何よりもアルジュナは、至高人格神であるクリシュナが唯一親友として認めた人物です。

　クリシュナは、アルジュナに至高の叡智を開示しました。
　人徳が最も高いと言われたユディシティラにも、勇猛果敢さでは右に出る者はいないビーマにさえも、クリシュナはそれを開示しませんでした。

　至高の叡智というものは、霊性を出来うる限りまで高めてからでなければ開示されない貴重で尊いものなのです。それを開示されたアルジュナの霊格は、相当に高いレベルであったことは間違いありません。

　何故クリシュナがアルジュナだけに至高の英知を開示したのか、

　何故アルジュナはいくつかのタイミングでこのような表現を使って質問をしたのか。

　その明確な答えは、予想を超えて驚くべきものでした。

　それはバガヴァッド・ギーター全18章すべてを読み、理解し、実践を通してギーターの智慧を自分のものとした時に、はじめて得られることになります。

　驚愕の仕組みが、このバガヴァッド・ギーターには仕掛けられているのです。

etan me saṃśayaṃ kṛṣṇa chettum arhasy aśeṣataḥ
tvadanyaḥ saṃśayasyāsya chettā na hy upapadyate 6.39

「クリシュナよ、この私の疑惑を完全に断ち切りたまえ。この疑惑を断ち切る者は、あなた以外に誰もいない。(39)」

今回のアルジュナの質問に対して、答えることが出来るのはクリシュナしかいません。それはすでに第４章第１節において明らかにされています。

　アルジュナは、今回始まったクリシュナの底知れぬ無限の叡智から導き出される教えに対して言葉を超えた感銘を受けて、クリシュナが全能であり、すべての答えを持っていることを確信していることがこの発言からもわかります。

　神を信仰し、師を全面的に信頼する人には、大きく分けて四つのタイプがあります。
・悩み苦しみ答えを求めている人
・富を求めている人
・知識を求めている人
・絶対的な真理を求めて神の道を歩む人

　今の質問から、アルジュナが「絶対的な真理を求めて神の道を歩む人」であることは明らかです。

　惟神の道を確実に歩み続けられるのは、精神的および霊的な強さとしなやかさを兼ね備え、神への全面的な信愛を

持つ人だけです。

　神への全面的な帰依、完全な明け渡しは、厳しい修行の
上に打ち立てられるものです。

　「神おひとりの他に、善い者は誰もいない」（ルカによる
福音書 18：19）

　「人は心に自分の道を考え計る。しかし、その歩みを導
く者は主である」（箴言 16：9）

　「神は御心に叶うすべての事を行われる」（詩編 105：3）

　「私たちは、キリストに対する信仰によって、確信をもっ
て大胆に神に近づくことができるのである」（エペソ人へ
の手紙 3：12）

śrībhagavān uvāca

pārtha naiveha nāmutra vināśas tasya vidyate

na hi kalyāṇakṛt kaścid durgatiṃ tāta gacchati 6.40

スリー・バガヴァーンは言った。

「プリターの子よ、真理を求めて、善行を積んだ人々は、この世

でも来世でも、破滅することはない。友よ、善を行う者が悲惨な
所（地獄）に落ちない。(40)」

───────────────────────────────────────

　クリシュナは、ここでまず、アルジュナを「プリターの子」
と親しみを込めて呼んでいます。
　それはアルジュナの質問に対してのクリシュナの答え
を、アルジュナのハートに確実に定着させるための配慮で
す。ハートの中に叡智を築けば、心は安定し、怖れは自ず
と消えてしまうからです。

　この節では、今までの長い輪廻転生の人生の中で培って
きた霊性進化の修行の成果は、決して消えることがないこ
とを明確にしています。

　人は亡くなるときに、天国へ持っていけないものと持っ
ていけるものがあります。
　金銀財宝や地位や名誉などといった現世的なものは持っ
ていくことが出来ません。
　瞑想や日々の行いやその正しい動機などは、しっかりと
天にあるチッタと呼ばれる宇宙銀行の預金通帳に刻まれて
いるために、持っていくことが出来ます。

　次の話は、「雑阿含経」に記載されている話です。

　昔、ある国に四人の妻を持つ長者が住んでいました。

　一番目の妻は、彼が最も愛した女性でした。長者はこの妻のことをいつも気にかけて、いつも一緒にいました。彼女が欲しがるものは何でも買い与えて、いつも美しい衣装を買い、食べたいものも何でも食べさせてあげました。長者は、彼女の言いなりになって甘やかしていました。

　二番目の妻は、他の男たちと激しく競争して、ようやく手に入れた女性でした。そのためいつも気にかけて大切にしました。家では、他の男に彼女を取られないように鍵のかかる部屋に閉じ込めて、勝手に出ていかないように気を配りました。

　三番目の妻は、やはりお金をかけて大切にしてあげました。友達のように、喜怒哀楽を共にする仲になりました。

　四番目の妻に対しては、長者は何の関心も持たずに、ほぼ無視していました。それでも女性は、ご主人である長者のために、いつも一生懸命に働き続けました。自分の時間のすべてを長者の幸せのために捧げたのです。

　それにもかかわらず、長者からは何の愛情を示されることもなく、彼女は長い間無視され続けました。彼女は、長者にとっていないも同然の扱いを受けていたのです。

　ある日、王様が長者に、遠い国へ旅に行くように命じま

した。

　長者は、真っ先に一番目の妻に一緒に行ってくれるように お願いしました。妻は「私は一緒に行くつもりは全くあ りません。どうぞ一人で行ってください」と言いました。

　次に、二番目の妻に一緒に行ってくれるようにお願いし ました。この妻もやはり「一緒に行きたくありません」と 冷たく断ってきました。

　三番目の妻にも、一緒に行ってくれるようにお願いし ました。この妻には、「国境までは一緒に行かせていただき ます。でもそこから先へは一緒に行きたくありません」と 言われました。

　長者はすっかり困って、ずっと無視していた四番目の妻 に一緒に行ってくれるようにお願いしました。すると妻は 「はい。私はあなた様とどこへでも一緒に行きます」と言っ てくれました。

　長者は、さんざん無視し続けてきた妻が、自分にすべて を捧げてきてくれたことにようやく気が付いたのでした。 そして長者は、四番目の妻と共に、遠い国へと旅立ったの でした。

　この話は、もうお分かりだと思います。
　長者が住んでいたある国とは「この世」、遠い国とは「あ

の世」のことです。

　一番目の最も大切にしていた妻とは、自分の肉体。

　二番目の妻とは、自分の財産。

　三番目の妻とは、自分の妻や子供たち。

　そして四番目の妻とは、自分の心です。

　人は、目に見える物質世界のことばかりに夢中になり、それに翻弄されている心のケアには無頓着です。でも、生死を超えて持ち越せるのは、自分の心で培ったものだけなのです。

　「神理を喜び、神理を楽しみ、神理をよく識別して、神理に従っている修行者は、神の法から落ちることがない」
（釈迦大師／ダンマパダ）

　人が過去世から持ち越してくるカルマ、潜在的傾向や潜在的衝動、欲望の傾向、特質、気質、資質などは「ヴァーサナー」と呼ばれます。

　このヴァーサナーは、純粋なヴァーサナーと不純なヴァーサナーに分かれます。それは過去世での行いに起因するものです。

　基本的に過去世の行いが神の御心に叶ったものであれば、ヴァーサナーは良質で純粋なものになります。真理を

求めて、善行を積んだ人々のヴァーサナーは、明らかに純粋なものとなり、それが次の生でとても大きな影響を与えることになります。

　地上での人間の命は限られたものに設定されています。
　肉体の死と小さな仮の死である睡眠は、いまだ悟りに到達していない人にとっては、感覚器官による束縛から解放されるための必要不可欠な現象です。感覚器官から解放されると、人は本来の霊性の中で調律することが出来ます。そのためにその時期、その人に理想的な寿命が設定されます。
　短い一生の間に、ヨーガを完成することが出来なくても、その成果は次の生に確実に引き継がれます。

　宇宙銀行に預けたヨーガの実践や善行といった財産は、人の生死に関わらず魂が存続する限り蓄えられ続けると考えればよいのです。

　「破滅することはない」とは、今の霊格が落ちてしまうことはないということです。
　今まで積み重ねてきた善のカルマが消えてしまうこともなく、今まで築いてきたヨーガの進歩が崩壊することもありません。

　誰であれ、善行を積んできた人たちは、その印象が確実に記録されていて、ネガティブに作用することは宇宙の摂理からみてありえないことです。

　人は亡くなると、生きているうちに助けた人たちの感謝の意識エネルギーの手助けによって、天国の高みへと昇っていくとも言われています。

　すなわち、人生の中で助けた人や愛を与えた人が多ければ多いほど、天国ではより高い場所まで到達できるのです。

人は皆、霊的な道の上にいる

　ここでまた、クリシュナはアルジュナのことを、「tata」と呼んでいます。

　これは父と子のような親密な関係を持つ間柄での愛情がこもった呼び方です。この呼び方の中に、どんな時にでも私が見守っているという気持ちが込められています。

　でも、そのことを直接的な表現では言いません。甘えを起こさせないためです。

　この関係性に似たような話が、釈迦大師にもありました。

　法華経の如来寿量品第十六の偈文「自我偈」の後半部を、わかりやすく要約すると次のような意味になります。

　「私は世の父であり、人々を苦しみから救うために活動

している。でも肉体として人々の前に顕現することはない。なぜなら、私にいつでも会えると知ったなら、あなた方は甘えて他力本願になってしまうからだ。私はいつもあなた方のことを、仏の道を歩み、仏の身となれることを願いながら見守っている」。

ブラフマンへの道の途上で、性的誘惑に勝てずにヨーガの修行を一度放棄したことのある偉大な聖仙ヴィシュヴァーミトラの話をしましょう。ヴィシュヴァーミトラ大師は、究極の実在としてのブラフマンを実現した、聖者の中でも最高の境地にあるブラフマリシになった聖者です。

ヴィシュヴァーミトラは、カニヤクブジャ王国の王ガーディの息子として生まれました。身分は、王族・武人階級であるクシャトリヤで、将来は国王の地位が約束されていました。

ある日、ヴィシュヴァーミトラは聖仙ヴァシシュタと戦うことになりましたが敗北し、武人の無力さを嘆きました。

そして、自らが聖仙となることを固く決意し、王国を捨てて修行の旅に出ました。

ヴィシュヴァーミトラは日々、瞑想を極めていきました。それを天界から見ていたインドラ神は、自分の地位を脅

かす存在になることを怖れて、ヴィシュヴァーミトラの修
行を阻止しようと企てます。インドラ神は、天界の美女メー
ナカーを彼の元へ送り、性的に誘惑させました。

　メーナカーの美しさに心奪われたヴィシュヴァーミトラ
は、瞑想を中断し、性的関係を結びます。その後、二人の
間にはとても美しい女の子が生まれました。
　娘が生まれた時、ヴィシュヴァーミトラは瞑想修行より
もメーナカーとの性的欲求を優先した自分の弱さを嘆きま
した。
　そして、再び霊性修行に戻る決意をしました。

　メーナカーは美しい娘とともにやってきて、修行生活に
戻らないように説得しましたが、ヴィシュヴァーミトラの
決意は固く、家を出ていきました。
　メーナカーは、美しい娘を川岸に放置したまま、天界へ
と帰ってしまいました。捨てられた娘を野鳥たちが取り囲
んで守っていたところに、カンヴァ仙がやってきました。
カンヴァ仙は、彼女を連れて帰り、自分の養女としました。
　彼女は鳥（シャクンタ）に守られていたので、シャクン
タラーという名になりました。シャクンタラーは、のちに
「マハーバーラタ」に登場する主要人物たちの祖先となっ
た人物です。

こうして霊性修行に戻ったヴィシュヴァーミトラは、ヨーガの修行を一度放棄したにもかかわらず、聖仙の境地に到達したのでした。

　あれほど偉大な聖仙であるヴィシュヴァーミトラでさえ、欲望に負けて修行を途中で中断したことがあったのです。
　でも、今まで築き上げてきた霊性修行の成果が無駄にはならなかったことを、その後の神を信愛し、堅忍不抜の精神と不断のヨーガの実践によって身を以って証明しています。

　ただし、確かに築き上げてきた霊性修行の成果を、堕落させてしまう危険性もあります。
　登山でいえば、超難易度の山に挑戦しているようなものですから、危険性が全く無いわけではありません。

　ヨーガの実践によって到達するニルヴィアルパ・サマーディまたはサヴィカルバ・サマーディへ到達するまでの道に、難所があることは確かです。それは、ヨーガの実践で超越意識を超自然界に向けた時に得られる副産物である、八大神通力への欲望です。
　八大神通力の他にもまだあり、ここでは書かないものも

ありますが、これらの力を得たいとう欲望自体が正しい道
から外れてしまい、利己的な目的に使った場合には、堕落
の道へと落ちてしまいます。

　クリシュナの言葉「いつも私を思い、私に意識を集中し
て（14節）、善を行う者が悲惨な所に落ちることはない（40
節）」とは、登山で言えば、よそ見をしないで集中して、
王道である登山道をしっかりと歩く者は滑落することはな
い、ということです。

　ある時、パラマハンサ・ヨガナンダ大師の弟子が師に「私
はいつの日か霊的な道から離れることがあるのでしょう
か？」と聞きました。

　すると師は、「いったいどうやって離れるというのだ？
この世の人は皆、霊的な道の上にいる」と答えました。

転生を通して持ち越していくもの

　過去世までに培ってきた才能や興味は、死を超えて持ち
越せるものです。

　エドガー・ケイシーはリーディングの中で多くの実例を
挙げています。

　踊りに熱狂的な興味を持つギリシャ人の女性は、ギリ
シャにいた過去世においても舞踊の文化の全盛期に活躍し
ていたことが示されました。

テレパシーに特別な関心を持つ少年は、アトランティスにいた生で思念伝達の専門家であったことが示されました。

　脚に障害を持つ子供たちのケアに情熱を燃やす女性は、イエスの教えに啓発されてパレスチナで病人のケアをしていた過去世が指摘されました。

　ニューヨークのある歯科医は、都会で生まれ育ったにも関わらず、自然の中でキャンプをしたい衝動がいつも強くありました。ケイシーのリーディングでは、彼は過去世において米国の自然豊かな土地に移住した移民だった過去世があり、その時に自然の多い土地で生活していたことが明らかにされました。

　ある整骨医の過去世リーディングでは、紀元前のエジプトにおいてミイラ師をしていて、人体の内部構造や薬草について精通し、初期のキリスト教時代にはマッサージ師となり、すぐ前の前世においては米国の医師であり、北米先住民たちから薬草療法を学んでいました。

　親が医師の家庭で生まれたある男性は、31歳になってどうしても医師になりたくてケイシーに相談しています。この年齢になってから医学の勉強を始めることは遅いのではないかという心配からの相談でした。リーディングでは医師になることが推奨されました。

その根拠として、過去世でアメリカ独立戦争の時に彼は看護兵であり、兵士たちの治療で活躍し、医師になりたいという憧れを持っていたことが今生で大きな衝動となって顕現したことが判明しました。

このように、ケイシーはとても多くの例で、過去世で携わっていた仕事が、今生でも興味を持ち続けて役に立っている事実を示しています。

特定の国や言語、文化、特技などに興味が強い場合には、過去世で馴染み親しんできた記憶が潜在意識にあるからでしょう。それらに思い入れが強ければ強いほど、今生で強い親近感となって表れてきます。

インドのある村に生まれた女の子が、幼少の頃に突然遠く離れた所にある村に行きたいと言い出しました。その思いは日を追うごとに強烈になり、やがて食事ものどを通らなくなり、少女はどんどん衰弱していきました。

少女を診た医師は、少女をその村に連れていくよう両親に勧めました。

少女が行きたかった村の入り口に到着すると、驚くべきことに少女はその村のすべてを知っていて、そこで初めて出会った人たちの名前まで知っていました。

少女は、ある家にまっすぐに向かい、その家の主人のことを自分の兄だと言いました。そして、そのことを証明するかのように、自分の兄だという家の主人のプライベートなことや家の内部の様子などをすべて言い当てました。

　少女は家の中に入ると、ある土壁の前に立ち、ここを壊すと金の装飾具が出てくると言いました。家の主人が半信半疑で壁を壊すと、少女の言う通りの金製品が出てきました。

　少女は前世において、この壁の中に大きな財産を隠したのに、それを兄に伝えられずに死んだことがとても無念であったそうです。

　今生での仕事、興味、日常生活での心得、人間関係などを通して心に刻んだ潜在的印象は、すべて死を超えて転生を通して持ち越していくものです。

　なお、この持ち越したヴァーサナーは次の生において必ず発現するわけではなく、真我が最適な条件を判断して、適切な生において発現することがパタンジャリ大師によって明らかにされています。

　「これらのうちで、結実のための好条件が調ったヴァーサナーだけが、特定の生において発現する」（ヨーガ・スー

トラ第四章8)

　エドガー・ケイシーはリーディングの中で、個人の魂が経験したすべての記録はアカシックレコードとして残されており、その記録から魂の状態を「ライフシール」という象徴画として表出することが出来ると述べています。

　魂の全記録を書物に喩えると、ライフシールはその書物の表紙のようなもの。ライフシールには、魂の歴史も特性もすべてが含まれていて、今後努力すべき点や過去世での問題点なども明らかとなり、今生での使命の道標にもなるようです。

　死を超えて魂が最も強く持ち越せるエネルギー印象は、神への信愛とヨーガ（瞑想）による成果になります。なぜならそれは、意識の深い領域に良い潜在的印象として刻まれていくからです。

　「シッディは、過去世に実施された修行、あるいは薬草、マントラ、心の不純物を取り除く厳格な修行、サマーディによってもたらされる」（ヨーガ・スートラ第四章1)

prāpya puṇyakṛtāṃ lokān uṣitvā śāśvatīḥ samāḥ

śucīnāṃ śrīmatāṃ gehe yogabhraṣṭobhijāyate 6.41

「ヨーガの修行から脱落した者は、敬虔な人たちの世界に行き、長い間そこで暮らした後、徳の高い裕福な人々の家庭に再び生れる。(41)」

　「ヨーガの修行から脱落した者」とは、ヨーガを真摯に行ったにもかかわらずサマーディを達成出来なかった人や、途中でヨーガの実践を何らかの事情で諦めた人が含まれています。

　しかしながら、ヨーガの実践を少なからず行っていた人は、その実績に比例して心の穢れが祓われ、清浄化しているはずです。その浄化された心の状態は、輪廻転生を超えて引き継がれていきます。

　「徳の高い裕福」な家庭というのは、とても恵まれた霊的条件にあるということです。物質的に裕福でも徳が無ければ、霊性進化は全く望めない環境である可能性もでてきます。

　ここでいう徳の高い裕福な家庭とは、比喩的な表現です。

　大都会で物質的な欲で財産を築いた大富豪と、自然の中で神の恵みに感謝しながら暮らす財産の無い人では、一体

どちらが裕福だと言えるでしょうか？

　裕福な家とは、ただ単にそのような家族の元に生まれて
くるというだけでなく、霊的成長に適した環境、社会的に
精神年齢が高く、生活苦にならない国や地域も示していま
す。または、そのような環境のある惑星のことも含まれて
いるかもしれません。

　さらにはもっと深い意味がありますが、それは次の節で
詳述することにしましょう。

　現代の日本は、どうでしょうか。

　清潔な水と新鮮な農産物が容易に手に入り、自然環境も
理想的であり、社会的動乱も経済的な混乱も少なく、霊性
の高い民族性、霊格の高い和の心、崇高な言語、日本を支
える高次元の存在たちなど……。

　地球上でも惟神の道を歩む者にとって、とても恵まれた
環境にいます。この時期に日本人として生まれたとうこと
は、過去世での努力の賜物であるともいえます。

　ここでヨーガの道から脱落したものが行く世界に「Lokan
（ローカ）」という単語が使われています。

　これは特定の世界、中間世、または惑星を意味する言葉
です。ローカにも様々な霊的階層があることが、聖者たち

によって知られています。

　聖者パラマハンサ・ヨガナンダ大師は、光に煌めくクリシュナ神の幻と出会った一週間後に、すでに他界された師であるスリ・ユクテスワ大師に会っています。ヨガナンダ大師の滞在先のホテルの部屋が光で満たされてユクテスワ大師が宇宙原子で創った肉体を持って現れたのです。

　ユクテスワ大師は、他界した後で幽界に存在するヒラニャローカという惑星に転生されて、惑星の住人たちの霊的進化の手助けをしていました。

　この惑星は、地球上で瞑想によってサピカルパ・サマディ、さらに高いニルビカルパ・サマディの段階に到達した人たちが転生してくる惑星だということです。この幽界にある惑星の素晴らしさは、ヨガナンダ大師が詳細に語っています。

　私もあるローカに滞在していた時の美しい生活が、地上に生をうけてからも忘れることが出来ずに、幼少の頃に何度か戻ろうとしたことがあります。

　「人生の真の富は、人に施した善行である」（ムハンマド・イブン・アブドゥッラーフ／コーラン）

　「天に、富をたくわえなさい」（マタイによる福音書6：

20）

athavā yoginām eva kule bhavati dhīmatām
etad dhi durlabhataraṃ loke janma yad īdṛśam 6.42

「あるいは、賢明なヨーガ行者の家族に生まれる。このような出生はこの世では極めて得がたい。（42）」

　この節では、前節よりもさらに純粋性を増した人々の行く先を示しています。

　「賢明なヨーガ行者の家族」は、徳の高い裕福な家庭のように物質的には恵まれていないかもしれませんが、精神的な富に恵まれている点で、明らかに優れています。

　これはスポーツの試合でいうと、シード権を獲得したようなものです。車のレースでいえば、決勝レースのスタート地点の先頭という、最も有利な位置につけるポールポジションです。ポールポジションは、予選で最速タイムを記録したドライバーが獲得できる特別枠です。

　賢明なヨーガ行者の家族に生まれるということは、世界的に見ても稀なことです。

これも比喩的な表現ですが、地球上でヨーガに専念している環境はさほど多くはありません。生まれた時から神聖な環境に恵まれており、神への道を歩むすべての環境がすでに整っていることになります。

　このような神聖さに恵まれた家庭に生を受けることは、過去世において相当な神性体験を経験し、自らの純粋性を徹底して高めた結果です。

　幼少の頃から、過去世で培った経験を活かす環境が整っていることから、速やかに超越意識、宇宙意識、そして神意識へと進んでいくことが出来るのです。

　この最も典型的な例に、聖者ラヒリ・マハサヤ大師がいます。「マハサヤ」とはサンスクリット語で「偉大な人」という敬称です。

　ラヒリ・マハサヤ大師は、敬虔なバラモンの一家に生まれています。

　父は村人たちから尊敬される人で、母はシヴァ神の熱心な信奉者でした。父は寺院を建立し、礼拝の儀式を欠かさず行い、聖典の研究に熱心で、日常生活はヴェーダの智慧に基づいたものでした。

　このような環境で育ったラヒリ少年は、３歳のころからすでにヨーガに目覚め、少年時代には多国語を学ぶとともに、学者や僧侶たちから熱心に聖典の講義を受けていまし

た。このようにして大師は、すみやかに解脱を達成し、長い間地上から忘れ去られていた最高のヨーガの秘宝を全人類に向けて開示することが出来たのです。

　この節と前節に記された二つの環境は、そのどちらかに再び生まれてくることが約束されたわけではありません。この二つの家庭環境は、あくまでも比喩的な表現であることを忘れないでください。
　禅においても、歴代の師の系譜を「王家の家族」というような言い方や、ヨーガでも歴代の師たちを「王族の人々」と称することがあります。これらの表現は、禅の高僧やヨーガの大師たちは実際には物質世界での王族の家系ではありませんが、霊的に高貴であるという事実に基づいています。

　この二つの節に示された二つの環境は、良性純粋なヴァーサナーの二つの段階の象徴でもあります。実はこれがこの二つの節の真の意味になります。
　純粋なヴァーサナーは「スッバ・ヴァーサナー」と呼ばれ、低俗な欲望の芽がすでに摘まれており、悪しき思いが起こらない状態になっています。
　また良性の衝動は、心を神へと向かわせる衝動として発現します。他の性質や特質についても、霊的に優れた人を引き寄せ、愛、慈悲、忍耐、勇気、敬意、友愛などを促す

土台となっていきます。

　これらはすべて、過去世における功徳とヨーガの実践によって積み重ねられたものになります。

　いずれにしても、ヨーガの達成を望み、修行してきた人たちは、ヨーガの達成の願望を強く残した状態で転生してくるわけですから、当然一人ひとりが自分の修行に合った最適な環境を選んでくるということを示しています。

　この節は、ヨーガの達成半ばで転生してきた場合の話ですが、ヨーガを達成し、すでに解脱した後に、自発的に新たな肉体に宿って地上に戻ってくる魂もいます。

　このような転生を、「ヴュッターナ（解脱後の再臨）」と呼びます。興味深いことにヴュッターナの場合には、恵まれない環境に生まれてくることも多くあります。ただし、すでに解脱している魂にはヴァーサナーはもはや存在しないので、すみやかに神の法に沿った働きを顕現することが出来るのです。

　ヴァーサナーがもはや存在しないという理由は、ヴァーサナーが原因・結果・基盤・支持の四つの要因によって成立しているために、これらを超越した境地にいる大師たちには、すべての要因が消滅しているからです。

　サンキッチャという少年の話をしておきましょう。

　彼の母親は、妊娠中重い病気に罹り、サンキッチャを身ごもったまま出産前に亡くなってしまいました。家族は彼女の遺体を火葬しました。

　ところが、不思議なことに腹部だけが焼け残り、棒で突いてみると胎児が動いていることがわかりました。そこで子宮から取り出してみると、突いたときに眼球を傷つけてしまいましたが、この赤ちゃんは、元気そうに見えました。立ち会った人々は気味悪がって、赤ちゃんに母の遺灰を被せたまま皆帰ってしまいました。

　でも翌朝、村人がその赤ちゃんがすやすや眠っているのを発見し、占い師の元へ連れていきました。占い師は、「もしもこの子が社会に出れば、一族代々、七世代先まで裕福に暮らせるだろう。もしも出家すれば、五百人の弟子を抱える聖者になるであろう」と言いました。

　サンキッチャは、7歳になった時に出家して悟りの境地に到達し、人々のために尽くしたいと、近くにいた釈迦大師の高弟シャリブッダの所へ行きました。

　シャリブッダは、サンキッチャを弟子と認めて髪の毛を剃髪しました。その瞬間にサンキッチャは悟りを開き、聖者の境地に達しました。

　その後、三十人の修行僧たちが、山賊たちがいる危険な

森の中で修業したいと釈迦大師に申しました。

　釈迦大師は、サンキッチャを連れていくよう進言します。修行僧たちは、少年には危険であり、皆の修行の妨げになると言って断りました。それでも師が連れていきなさいと言ったため、修行僧たちは師の助言に従い、サンキッチャを危険な森の中に同行させました。

　修行場にいく途中で、修行僧たちは五百人の山賊たちに取り囲まれました。山賊の頭は僧侶たちに向かって、「この森に入ってきたのなら、一人を生贄として神に捧げる。誰か生贄になる者を差し出せ」と言いました。

　「私が行きましょう」と、最初に名乗り出たのは、最長老の僧侶でした。すると次々と「私が生贄になります」と、結局三十人すべての僧侶が名乗り出ました。

　これを見ていたサンキッチャは、「長老さま、皆さま、私が参ります」と申し出ました。僧侶たちは、「おまえはシャリブッダ長老の大事なお弟子さんだ。無事に帰らなければならない」と言います。しかしサンキッチャは、「釈尊が私を同行させた理由は、このためですから」と言いながら、山賊たちの方へと歩いていきました。

　山賊たちは、森の神のための祭壇を作りました。そして祭壇の前にいる大きな刀を持った山賊の頭の前に、サン

キッチャは歩いていきました。

　山賊たちは祭壇を取り囲み、その中心にいる頭の目の前でサンキッチャは座り、深い瞑想状態に入りました。

　頭は、一刀のもとにサンキッチャの頭部を切り落とそうと、刀を大きく振り落としました。ところが、サンキッチャの身体は鋼鉄のように硬く、なんと刃が欠けてしまったのです。山賊の頭は、もう一度サンキッチャの頭をめがけて刀を振りかざします。ところが今度は、刃が粉々に砕けてしまったのでした。

　山賊の頭は、「この少年の霊格の高さは、俺よりもこの心さえ持たない刀の方がよく理解しているのか」と言って、サンキッチャの足元にひれ伏して許しを請いました。頭は、「今まで出会ったすべての人間は、俺たちを見ただけでも震えが止まらなくなりました。でも尊者はとても清々しいお姿でおられます。申し訳ございませんでした」。

　サンキッチャは、「欲望を離れた者にもはや苦しみはありません。執着が無い者には、もはや怖れもありません」と語りました。

　この驚愕の事実を目の当たりにして、さらにその言葉に感銘を受けた五百人の山賊たちは、その場で7歳の少年サンキッチャの弟子になりました。

このサンキッチャは、すでに過去世までに聖者になる直前までのヴァーサナーとなっていたことが「法句経ダンマパダ」に記載されています。

　また、サンキッチャの心境については、釈迦大師の弟子たちの言葉を集めた「長老の詩（テーラ・ガーター）」にも収録されています。

tatra taṃ buddhisaṃyogaṃ labhate paurvadehikam

yatate ca tato bhūyaḥ saṃsiddhau kurunandana 6.43

「クルの子よ、彼は前世で得た知識をここで再び獲得し、完成を目指して、前世以上に努力する。(43)」

　「徳の高い裕福な人々の家庭」や、「賢明なヨーガ行者の家族」という表現で示される恵まれた環境（スッバ・ヴァーサナー）では、過去世において到達したレベルから、再び順調に人生をスタートさせることが出来ます。

　さらには、新しい肉体を持ち、若返った状態で始めることが出来るので、より効率よくヨーガの実践を進めていくことが可能となります。

　今生において、どんなに学歴が高くても、社会的に高い
地位にあっても、高い名声を得ていても、巨額の富を築い
ても、過去世からずっと霊的に無智の中だけに生きてきて
スッバ・ヴァーサナーがなければ、聖典や師の深い教えを
正しくすみやかに理解することは難しくなります。

　もちろん霊的向上心があれば、誰でも今からでも、すぐ
にスッバ・ヴァーサナーを創っていくことが出来ます。スッ
バ・ヴァーサナーは、人を輪廻転生から解放して、最終的
には消滅します。

　ヨーガの成就は、自分に内在する真我を、神我として顕
現することです。神人合一とも呼ばれます。ここに至る段
階では、ヴァーサナーは全く無い状態になります。

　このヴァーサナーを完全消去していく方法が、ヨーガの
実践であり、その中心となるものが瞑想です。このヨーガ
と瞑想の実践とは、限られた時間に行うという意味ではな
く、日常生活すべての思いと言葉と行動のことを示してい
ます。

　ヴァーサナーは、外の世界の喜びの種子のようなものだ
と思ってください。一度心にヴァーサナーの種子が植えら
れると、芽を出して、成長し、花を咲かせます。

　成長と共にさまざまな喜びや快楽への衝動が出てくるの

で、五感を支配するマナスを活発化させ、ブッディを惑わせます。そして自我を増幅させるアハンカーラが強化されてしまいます。

結局は、楽を求めながら苦を引き寄せる結果となってしまうのです。

ヨーガの実践を過去世から積み重ねてきた場合、ヴァーサナーは良い性質だけとなり、それも次第に消えていきます。

ヴァーサナーが消えた状態では、心の自我を司るアハンカーラの働きが縮小していき、心は澄み切って清浄になっていきます。そのため、ヨーガの実践はさらに加速していくことになります。

pūrvābhyāsena tenaiva hriyate hy avaśopi saḥ
jijñāsur api yogasya śabdabrahmātivartate 6.44

「前世での修行により、彼は否応なく(ヨーガの道に)導かれる。ヨーガを知ろうと望むだけでも、ヴェーダの儀式を行う者を超える。(44)」

　過去世での瞑想で培った資質は、転生した時にある時点で目を覚ますことになります。

　恵まれた環境に生まれてきた場合、幼少の頃のどこかの時点で、宇宙に保存されている過去世のチッタの記録と同調し、その情報を少しずつ、自分の真我の周囲に張り付くチッタに下ろしてきます。

　さらに、魂の記録となっているサムスカーラの力を借りて、再び今世での人生の目的を思い出します。そして、過去世で培った経験を活かしながら、速やかにヨーガの道を進んでいくことが出来るのです。

「ヨーガを知ろうと望むだけでも、ヴェーダの儀式を行う者を超える」

　ヨーガは究極の境地に達する王道ですが、ヴェーダの儀式がいかに優れていようとも、儀式だけでは究極の境地に達することはありません。

　車でもレーシングカーと高所作業車ではその役割が違うように、ヨーガと儀式もそれぞれの役割が違うのです。

　また、すでに第2章42・43節に示されたように、神聖なヴェーダの儀式も、現世の御利益を考えて表面的な部分にのみ陶酔し、儀式の真の意味を理解しないまま継代化されていき、やがて所作の深い意味は忘れ去られ、形骸化した

儀式だけが残ってしまうようなことも起こり得ます。

　ヨーガを真摯に学び、ヨーガの八支則をしっかりと実践した場合、儀式のような形骸化が起こることがありません。

　人はヨーガを知ろうと望んだ時点で、すでに意識が真我へと向かいつつあることを示しています。そして、ヨーガが真我へ到達する最適な方法であることを述べています。

　また「ヨーガを知ろうと望む」とは、ヨーガへの熱意が重要であることも示しています。

　よく何時間瞑想したかを気にする人がいます。何回神の御名を唱えたかを気にする人もいます。でも、それらよりも遥かに大切なことは、「いかに心魂を傾けて行ったか」ということです。

prayatnād yatamānas tu yogī saṃśuddhakilbiṣaḥ
anekajanmasaṃsiddhas tato yāti parāṃ gatim 6.45

「骨身を惜しまずに努力するヨーガ行者は、あらゆる罪を清め、幾多の誕生を経て完成に達し、最高の境地に至る。(45)」

　ここでクリシュナは、アルジュナの質問への答えも踏ま

えたうえで、質問前の話の続きを再開します。

「あらゆる罪を清め」とは、日本ではあらゆる穢れを祓い、清めることと表現できます。

「幾多の誕生を経て完成に達し」という句には、肉体的な誕生と悟りに至る各段階での誕生という、二つの意味が同時に込められています。

「骨身を惜しまずに努力する」とある通り、繰り返しの転生を通して、不屈の努力（アビヤーサ）が必要と述べています。

努力とは、真我を探求するために宇宙の法に従った心による、思いと言葉と行動を精力的に行うことです。

宇宙の法に反する行動は、いくら精力的に行っても努力とは言えません。

自己努力には、二通りあります。過去世の行いの積み重ねの結果と、今生の正しく積極的な行動です。今生の努力で最高の境地に達しなくても、次の生において、それは過去世の行いの努力に加算されます。

私たちは、自分の行為が結果をもたらしていることに気づいています。でも、行為の真っただ中にあっては、その当たり前のことさえ忘れてしまうのです。

すべての思いと言葉と行動が正しく相応の成果を得ることは、全知全能のブラフマンを基盤とする絶対的な法です。そのため全信頼を置いて、「努力すればするほど成果となって自分に還ってくる」という宇宙の法は覚えておくべき指針です。

　「幾多の誕生」を、霊的な各段階での誕生とする考え方もあります。
　第1章においても、人生の中でいくつかの誕生日があることを説明しました。同じように、霊的な誕生を区分けすることも出来ます。

　パラマハンサ・ヨガナンダ大師は、三つのエネルギー体による三段階のマーヤを経て解脱に至ることを説いています。

　「ヴァダルールの聖者」としても有名なラーマリンガ・スワーミハル大師は、人の神との合一に至る三段階の誕生を、自らの聖なる変容の過程を通して、5818の歌、6万節の詩として綴り、後世に残しています。
　ラーマリンガは、段階的に起こったいくつかの変容について次のように述べています。

・第一段階の変容

　普遍意識へ入ることによる肉体の「完全なる体」への変容。

　この最初の変容は、「すべての生物に敬意を払うこと」と「献身的な祈りと瞑想」が重要であると述べています。

　この完全なる体においては、自然界の影響を受けることなく、時間や空間の制限も無くなります。肉体を若返らせることも可能となる段階です。

・第二段階の変容

　「完全なる体」から「叡智の体」への変容。

　この体は不可視であり、地上において奇跡的な力を意のままに使うことができる段階となります。

・第三段階の変容

　「叡智の体」から「至高の神の体」への変容。

　これは至高の存在との合一です。この体はすべての領域に遍満することになり、感覚で捉えることはできなくなります。この状態をヨーガではカイヴァリヤといいます。

　イエス大師はこれをヨハネの福音書の中で、「わたしが父の中に居り、父が私の中に居ることを信じなさい」と述べています。

スリ・ユクテスワ大師は、人間の進化の段階を次のように説明しています。
・聖霊の光を単に反映するだけの段階
・ジャヤン・ローカの段階（自ら霊光を発する段階）
・タボ・ローカの段階（浄化が進んだ段階）
・サティア・ローカの段階（自己の観念を捨て去る段階）
　この段階において究極のカイヴァリア（至高霊との合一）を達成すると説いています。

　16世紀のスペインのローマ・カトリック教会の神秘家アビラの聖テレサ（イエスのテレジア）は、キリスト教徒にとってわかりやすい表現で、人間の聖なる変容と進化について、段階的に著述しています。著書の一つ「霊魂の城」では、7つの段階に分けて聖テレサがたどった人の進化と変容を記述解説しています。

　この二元性から一元性への移行に至る段階には様々な説明表現が出来ますが、わかり易く説明すると次のようになります。
　最初の段階は、二元性。
　「神はいない」「私と天の神様」「私の中に何か偉大なものがいる」「私は神の子」と神を自分と別の存在と認識し始める状態です。

　次に、一元性。

　次の段階は、「私と神は一つに在る」「私は神と同一」という確信の元に生きる段階です。

　最後の段階は、一元性から一元性の消失。

　この世界に達すると「私」も「神」も消え去り、ただ「在る」という状態に達します。

　二元性に肉体を持ちながらも、このような体験を思い描き、いつも神と共に在るという思いや願いをハートに持ち続けることは、とても大切です。

　このような崇高な思い、高貴な理想を心に描いていることで、一元性や限定された一元性の段階に達していなくても、すべての存在に神の実在を感じて、天の恵みに感謝する気持ちが湧いてくるからです。

　もう一つ、瞑想を行っている人のために別の表現をしてみましょう。

　瞑想ではよく光をイメージする手法が用いられます。そのイメージの光が導きとなって、実際に光を体験していくことになります。

　最初の段階は、「私は光の中にいる」。

　これは神である霊光を認識し、その状態を受け入れる段階です。

次の段階は、「私の中に光がある」。

　これは自分を包んでいた光が、自分自身の真我の光であることに気づき、それを神の霊光として体験する状態です。

　最後に、「私は光」。

　これは真我と光が合一し、ただ在るという解脱に至る状態です。

　ここで注意が必要なのは、各段階で示されている「私」の定義は各々全く異なり、段階ごとに進化しているということです。同じ言葉でも、蝶に喩えて言えば幼虫、さなぎ、成虫のように全く成長段階の異なるものになります。

　最初の自我意識を持った私から、私＝愛を自覚し、最後の愛そのものの「私」も「神」も区別の無い状態、つまりただ在る状態に変化していきます。

　三つの段階を進むごとに、三つの変容を遂げて神との合一に至る様子は、神との合一までを綴った日本の国歌「君が代」では、「さざれ（三三〇）」として表記されています。

　これと同様に、同じ言葉を変容させて人を覚醒に導くように記された経典に「般若心経（原語版）」があります。ただし残念なことに、現在一般的に知られている般若心経では、サンスクリット語から翻訳する過程において、変容

していく鍵となる部分がある意図を持って削除されてしまっています。

　この三つの段階は、あらゆる思いと行為にも根付いていて、日常のささいな行為にもとても役立つものです。

　例えば、誰もが日常でよくある「お茶を飲む」という行為を例にしてみましょう。

　山奥に住むある高名な禅師の元へ、若者が禅を習いにやってきました。

　若者は、禅師に会うと、丁重に挨拶をしました。禅師は、無言のままお茶を飲んでいます。

　若者は、「是非、師の元で禅の神髄をお教えいただきたくやってまいりました」と言うと、禅師は、若者の方を見ることなく「今、茶を飲んでいる」と言います。

　若者は、禅師がお茶を飲み終わるまで待ちました。

　しばらく経って、禅師は静かにお茶を飲み終えると、弟子に「この若者にもお茶を入れてあげなさい」と言いました。

　若者と禅師のお茶が運ばれると、再び禅師は、無言でお茶を飲み始めます。

　若者は、お茶を飲みながら禅師に話しかけました。「師よ、私はお茶を飲みに来たのではありません。あなたから禅を

習いに来たのです」。

　禅師は言いました。「お前は、禅を全くわかっていない」。

　若者は、お茶を飲む行為に隠された禅の教えを理解することが出来ませんでした。

　最初の段階は、「私はお茶を飲む」です。

　単なるお茶を飲む行為から始まります。そしてほとんどの場合、ここに留まります。

　お茶を飲みながらも、意識の焦点はお茶にありません。お茶を飲んでいる間も、感覚器官は外の世界に振り回され、お茶の味や香りよりも、目に見える外界の動きや音が気になり、心は日常生活の雑念の渦中に翻弄され続けます。

　先ほどの禅師に会いに行った若者のお茶の飲み方はこれです。お茶よりも禅師との会話が気になって、お茶の味すらもわかっていません。

　次の段階は、「お茶と私が合わさる」に入ります。お茶を飲む行為自体に心が込められます。

　茶葉の持つ生命エネルギーと意識を感じ、感謝し、作り手の真心を思いながら、お茶の葉の色、形、香り、味を味わい、お茶のエネルギーと意識が、体の隅々まで浸透していく様子がイメージ出来るかもしれません。これが霊性進化の道を意識している人のお茶の飲み方です。

三つ目の段階は、「お茶と一体化する」です。

深い静寂と安らぎの中でお茶の温かいエネルギーが全身に広がっていき、あるがままの心地よさを感じる時に、お茶との一体感が生まれます。

この一体感が深い意識に達した時、お茶を飲むという行為が、どんな瞑想にも匹敵するほどの神聖な行為へと変わります。先ほどの禅師のお茶の飲み方です。

このように、心を込めて楽しく丁寧に日々の行為を積み重ねることは、魂の進化にとってとても大切です。

神を信じるということは、神社に行ったり、神事や儀式を見たり参加したりするだけではなく、日常生活において至高の神を中心軸において、心を込めて生きることが何よりも大切なのです。

「最高の境地に至る」

最高の境地に至る道は、誰にでも開けていると明確に説くクリシュナの言葉は、ヨーガの実践において最も力強い励みになります。

霊性進化の道では、自分自身を固く信じ「私に出来ないことはない」と思って、努力を続けることが大切です。努力したから出来るのではなく、出来るまで努力するという気迫が必要なのです。

自分に自信が持てない人は、神への信仰が弱い証拠となります。

　神への情熱的な信仰が奇跡を起こすという現象は、世界中で起きているのです。

　「諦めるなどという言葉は、私の辞書には無い」（フローレンス・ナイチンゲール）

　「わたしは、彼らに永遠の命を与える」（ヨハネによる福音書10：28）

tapasvibhyodhiko yogī jñānibhyopi matodhikaḥ
karmibhyaś cādhiko yogī tasmād yogī bhavārjuna 6.46

「ヨーガ行者は苦行者よりも優れ、知識ある者よりも優れていると考えられる。彼は果報を求めて行動する者よりも優れている。だから、アルジュナよ、ヨーガ行者であれ。(46)」

　ヨーガは、宇宙の法にそった実践で成り立っている技法です。

　瞑想を欠かさず実行し、心が静かに平安に包まれてくると、あらゆることを正しく理解する正知が備わり、自分自身の内なる声がグル（師）となっていきます。

　それは内なる声が真我からのメッセージであり、そのエネルギーは永遠無限の存在である至上霊と自己を結ぶ道を示しているからです。

　この節には、「苦行者」「知識ある者」「果報を求めて行動する者」が出てきます。

　「苦行者」とは、自然法則に反して心身に大きな負担をかけてしまう人を指しています。

　「知識ある者」とは、理論的な知識は豊富であるが、実践を伴っていない人を指しています。

　「果報を求めて行動する者」とは、結果を期待してあらゆる行動をする人を指しています。

　どの方法もある程度は解脱に向かっているとはいえ、これらの人々が採っている方法よりも、ヨーガの方がより優れているとクリシュナは語りました。

　自然の法則に反する修行に依存したり、知識だけに偏ったり、または行動の結果に期待することは、すべて真我からのエネルギーの流れが一部妨げられてしまうからです。

苦行に関しては、釈迦大師の弟子ソーナの話が残されています。

　ソーナは、とても裕福な家に生まれて、何不自由なく暮らしていました。外を歩いたことも無く、足の裏にも毛が生えていました。

　ある日、釈迦大師が近くに説法にやってくるというので、国王をはじめ多くの村長たちと共にソーナも同行しました。説法が終わると、ソーナだけが残って出家することを希望し、許可されました。

　師の弟子となったソーナは、林の中でとても熱心に修行し、瞑想と歩行瞑想をひたすら繰り返しました。その修行の激しさで、ソーナの足の裏はひどく損傷し、出血を繰り返すようになりました。

　ソーナは、それでも必死に修行を続けましたが、心の平安に達することができません。「釈尊の弟子たちの中で、自分ほど限界まで修行を続ける者はいない。それなのに執着と煩悩から離れることが出来ない。私の生家には有り余る財宝があるのだから、在家信者に戻ってお布施をする方が良いのではないか」。ソーナは、そう考え始めました。

　その時に、師がソーナの元に来て、語りかけました。
　師「ソーナよ、お前の琴の弦を強く張り過ぎたら、良い

音が出るのだろうか？」

　ソーナ「いいえ」。

　師「では、お前の琴の弦をゆるく張り過ぎれば、良い音が出るのか？」

　ソーナ「いいえ」。

　師「ソーナ、お前の琴の弦が強すぎず、緩すぎず、適度に張れば、良い音になるのだろうか？」

　ソーナ「はい。その通りです」。

　師は、修行も同じように激しすぎたり、怠けすぎたりしてはならず、適切に行うことが最も効果があることを説きました。

　これによりソーナは、最終的に心の静寂に到達することが出来ました。これは、苦行者も、知識ある者や果報を求めて行動する者と同様に、バランスが偏っていることを示しています。

　禅の修行は、行入と理入の二種類に分けることができます。

　行入は、実践を繰り返し行うことで禅を学ぶ方法です。ヨーガでいえば、カルマ・ヨーガになります。

　理入は、理論的な知識をよく理解して、禅を学ぶ方法です。ヨーガでいえば、ギャーナ・ヨーガになります。

　これらは、どちらも大切な修行であり、バランス良く修

得していかなければなりません。

　禅は、達磨大師によって開かれました。達磨大師から五代目の法を嗣がれたのが五祖弘忍禅師です。五祖禅師には、二人の優秀な弟子、神秀禅師と慧能禅師がいました。
　ある時、神秀禅師が五祖禅師に偈を作って示しました。

身是菩提樹　（みは　これ　ぼだいじゅ）
心如明鏡台　（こころは　めいきょうのごとし）
時々勤払拭　（じじにつとめてふっしきせよ）
莫使惹塵埃　（じんあいをして　ひかしむことなかれ）

　神秀禅師は、「人間は我欲が発生するから、しっかりと修行して、常に穢れを消していくものだ」と説きました。
　その漢詩を読んだもう一人の弟子である慧能禅師は、同じように漢詩を作りました。

菩提本無樹　（ぼだいもとじゅなし）
明鏡亦非臺　（めいきょう　まただいにあらず）
本來無一物　（ほんらいむいちもつ）
何假惹塵埃　（いずれのところにか　じんあいをひかん）

　慧能禅師は、「人間の本質は清浄無垢であり、穢れを引

き寄せる必要は無い」と説きました。

　この両者の詩は、禅のそれぞれ片面を示しています。

　この節で言うヨーガは、「カルマ・ヨーガ（行動のヨーガ）」、「ギャーナ・ヨーガ（知識のヨーガ）」、「バクティ・ヨーガ（親愛のヨーガ）」、「ラージャ・ヨーガ（瞑想を中心とした八支則のヨーガ）」を統括したものです。

　次の節では、最高のヨーガ行者の条件が具体的に語られています。

　「ヨーガの諸支則を実践することにより、不純なものは取り除かれて、知識と識別の光へと導かれる」（ヨーガ・スートラ第二章 28）

yoginām api sarveṣāṃ madgatenāntarātmanā
śraddhāvān bhajate yo māṃ sa me yuktatamo mataḥ 6.47

「すべてのヨーガ行者の中で、大いなる信念をもって私に帰依し、献愛奉仕の心で私を礼拝する者は、内なる真我が最も親密に私と結ばれる。この者を私は最も偉大なヨーガ行者とみなす。(47)」

この節においてクリシュナは、ヨーガの最高の境地に到
達する上でとても大切なことを語っています。
　今まで語られてきた礼拝や瞑想などの霊性修行は、すべ
て神への信愛（バクティ）に基づいた行為なのです。

「すべてのヨーガ行者の中で」
　ヨーガには、カルマ・ヨーガ（行為）、ギャーナ・ヨーガ（知
識）、バクティ・ヨーガ（信愛）をはじめとして、さまざ
まなヨーガの道があります。富士山にさまざまな登頂ルー
トがあっても富士山頂は一つであるように、ヨーガも最終
的には同じ境地に到達するのです。

「大いなる信念をもって私に帰依し」
　帰依はすべての道の礎となるもので、その恩恵は計り知
れないものになります。
　これまで積み重ねてきた悪しき行動から完全に離れ、い
つも神の方を向いて善き行動だけを育んでいくことになり
ます。
　帰依には、強い信念と信仰心が必要です。また揺るぎな
い帰依のためには、永続する信念が求められます。
　帰依には、大きく分けて三通りあります。この順に、帰
依は育っていくものです。

1. 低俗の帰依

　　苦しみへの怖れが動機となり、ただ現世における自分の幸せを願って帰依する。

2. 一般的な帰依

　　輪廻転生の苦しみから逃れ、涅槃を得たいために帰依する。

3. 大いなる信念を持つ帰依

　　地上の輪廻の中の無限の苦しみを理解し、生きとし生けるものすべてが最高の境地に到達することを願い帰依する。

　　この節での帰依は、三番目の「大いなる信念を持つ帰依」です。

　　帰依とは、神への全面的な明け渡しを意味します。

　　それでも自分の魂の旅の主導権は、自分自身にあります。神が導いてくれる道を自分自身がコントロールして進んでいくのです。

　　自分が主体で進んでいけば、その道がどんなに困難であろうとも、わくわくと楽しいはずです。至福への道を自力で歩いていけるのは、人間だけの特権です。

　　「心の中で神に話しかけ、神を愛する習慣を身に着けることは、僧院に暮らす者だけでなく、社会で生活を送る人

にも必要です。この習慣を身に着けることは出来ます。ほんの少しの努力が必要なだけです」(スリ・ダヤ・マタ)

　一度ヨーガの道に入ったのであれば、そしてクリシュナの示す至福の境地があることを知ってしまったならば、もう二度と無智の中で人生を無駄にする生活には戻れないはずです。

　インドの詩人であり、聖人のミーラー・バーイーは、神に大いなる信念を持って帰依した人の一人です。彼女の作ったパダーヴァリー(讃歌集)は、現在でもインド各地で広く愛唱されています。
　彼女は、若いころにメーワール王国の皇太子ボージラージに嫁ぎましたが、夫である皇太子は戦死。その後の戦争で父も戦死し、国王である義父も戦争で負傷したのが原因で死亡。国王と皇太子を失った彼女は、孤立して、さまざまな迫害を受けるようになりました。

　彼女は、夫も家族も亡くし、地位も財産もすべて放棄して、すべての時間をクリシュナ神を敬愛することだけに費やします。そして、クリシュナ神を崇める詩歌を次々に創作しました。
　彼女は、実家のメラタ国に戻ってから、クリシュナ神の

聖地ヴリンダヴァンに移住し、最後はクリシュナ神に所縁
ある地ドワールカーに移住して、生涯を過ごしました。

　彼女は、クリシュナ神を讃える歌だけを創り、歌いまし
た。食事も満足にとることなく、激しく痩せても歌い続け
ました。その結果、生前解脱を達成したのです。

「献愛奉仕の心で私を礼拝する者」

　神を献愛奉仕の精神で礼拝する時、その成果は想像を超
えて大きなものとなることがここで示されています。

　真我に献身する心、すなわち神に献身する心は、最高に
純粋な道を歩んでいる証拠です。神への献身は、心の中の
不純物を確実に取り除いていき、次第に純粋な本性に近づ
いていくことになります。

　ヴィシュヌ神を祀る寺院には、ガルダという神鳥が描か
れています。

　ラーマ神を祀る寺院には、神に絶対的忠誠を誓った神猿
ハヌマーンが描かれています。

　シヴァ神を祀る寺院には、乳白色の牡の神牛ナンディン
が描かれています。

　これらの神に仕える動物たちは、すべての執着を放棄し
て、永遠なる神だけを思い献身する理想的な姿を人々に示
してくれています。

エネルギー領域では、心が思い描いたことは直ちに想念体として顕現されます。心の働きは、実在として体験することになります。

　心の持つ無限の力がここに示され、その力を全身全霊で神に向けた時にどうなるのかが、次の句に美しく表現されています。

「内なる真我が最も親密に私と結ばれる」

　超越意識に入った人が自分の真我を見出して、至高の大霊に結び付けた「合一」の境地を示しています。

「心をつくし、精神をつくし、思いをつくして、主なるあなたの神を愛せよ」（マタイによる福音書第22：37）

「神にすべてをゆだねることによって、サマーディは達成される」（ヨーガ・スートラ第二章45）

「完全無執着であることにより、束縛の種子は破壊され、カイヴァリヤの状態が顕現する」（ヨーガ・スートラ第三章51）

「静謐な心の清浄さが、自己のそれと等しくなるに至った時、そこにカイヴァリヤが在る」（ヨーガ・スートラ第

三章56）

　「日常生活の一つひとつの行為を、至高の神へ捧げよう
とすることが必要です。朝目覚めた瞬間から、夜眠りにつ
くまで、このような心構えを維持しようと努力しなさい」
（アーナンダ・マイー・マー）

　「ああ、我が師よ、偉大なる霊よ、何度でも私はあなた
に礼拝することでしょう。一点の曇りも無き最高で真の実
在である御方。あなたは永遠であり、二元性を超越した至
福の権化です。あなたは、すべてを支える、慈悲に満ち溢
れた大海なのです」（シャンカラ／ヴィヴェーカ・チュー
ダーマニ）

　「かれは光源である。そして微粒子よりもさらに微小で
ある。かれの中に全世界と全住民がいる。それがこの不滅
のブラフマンであり、プラーナであり、言葉と心であり、
真実と不死である。愛しい弟子よ、心を集中してかれを射
よ、かれを射よ」（ムンダカ・ウパニシャッド）

　「毎日10分だけでも、すべての思いを捨てて、神だけを
思い、神と深く話をするならば、自分の人生に素晴らしい
変化が起こるのがわるでしょう」（スリ・ダヤ・マタ）

「神は、御自身の愛する子供たちを助けて霊的な進歩を速めようと、あらゆる方法を用いて、秘かに働いておられるの」（パラマハンサ・ヨガナンダ）

「もっと神に捧げる時間を増やしなさい。毎日規則正しく瞑想し、週に一度は夜に数時間を瞑想に費やし、自分の霊的進歩を感じられるようになりなさい」（パラマハンサ・ヨガナンダ）

― 第7章（第8巻）へ続く ―

この後の章では、さらに至高の大霊との合一の境地への道が示され、理解が深まっていきます。

参考文献

「The Bhagavad Gita God Talks With Arjuna」
　　Paramahansa Yogananda 著 Self-Realization Fellowshp 刊
「神の詩」（サティヤ・サイババ著 / 中央アート出版刊）
「バガヴァッド・ギーター」（熊澤教眞訳 / きれい・ねっと刊）
「バガヴァタ・バヒニ」
　　（サティヤ・サイババ著 / サティヤ・サイ・オーガニゼーションジャパン刊）
「ヨーガ・ヴァーシシュタ」
　　（スワミ・ヴェンカテーシャナンダ著 / ナチュラルスピリット刊）
「インテグラル・ヨーガ」（スワミ・サッチダーナンダ著 / めるくまーる刊）
「バガヴァッド・ギーターの世界—ヒンドゥー教の救済」
　　（上村勝彦著 / ちくま学芸文庫刊）
「科学で解くバガヴァッド・ギーター」
　　（スワミ・ヴィラジェシュワラ著 / 木村慧心訳・たま出版刊）
「バガヴァッド・ギーター あるがままの詩」
　　（A・C・バクティヴェーダンタ・スワミ・プラブパーダ著）
「バガヴァッド・ギーター」
　　（バクティヴェーダンタ・スワミ・プラブパーダ著 / バクティヴェーダンタ出
　　版刊）
「バガヴァッド・ギーター詳解」（藤田晃著 / 東方出版刊）
「ダットレーヤによるアヴァドゥータ・ギーター」
　　（日本ヴェーダーンタ協会）
「ギーターとブラフマン」（真下尊吉著 / 東方出版刊）
「聖なる科学—真理の科学的解説」
　　（スワミ・スリ・ユクテスワ著 /Self-Realization Fellowshp 刊）
「インド神話物語 マハーバーラタ（上下）」

（デーヴァダッタ・パトナーヤク著／原書房刊）

「あるヨギの自叙伝」

　　（パラマハンサ・ヨガナンダ著／Self-Realization Fellowshp 刊）

「知恵の宝庫」（林陽著／中央アート出版刊）

「インドの聖典」

　　（ムニンドラ・パンダ著／（有）アートインターナショナル社刊）

「ネイティブアメリカン幸せを呼ぶ魔法の言葉」

　　（ケント・ナーバーン著／日本文芸社刊）

「ディヤーナ　ヴァーヒニー」

　　（サティヤ・サイババ著／サティヤサイ出版協会刊）

「現代人のためのヨーガ・スートラ」（グレゴール・メーレ著／GAIA BOOKS刊）

「聖なる師──クンサン・ラマーの教え」

　　（パトゥル・リンポチェ著／NPO 法人日本ゾクチェン交流協会）

「心が穏やかになる空海の言葉」（名取芳彦著／宝島文庫）

「古神道入門」（小林美元著／評言社）

「魂の科学」（スワミ・ヨーゲシヴァラナンダ著／たま出版）

「ブッダが教える心の仕組み」

　　（アルボムッレ・スマナサーラ著／誠文堂新光社）

「九つのウパニシャッド：シャンカラ解説」

　　（幸山美和子著／デザインエッグ株式会社）

「真理のことば　感興のことば」（中村元訳／岩波文庫）

「ラマナ・マハルシとの対話」第三巻

　　（ムナガーラ・ヴェンカタラーマイア記録／ナチュラルスピリット刊）

「プラサード」（サティヤ・サイ・ババ述／サティヤサイ出版協会刊）

「ブッダの真理のことば　感興のことば」（中村元訳／岩波文庫刊）

「スタンフォード式最高の睡眠」（西野清治著 / サンマーク出版刊）

「パラマハンサ・ヨガナンダの言葉」

　　（パラマハンサ・ヨガナンダ著 /Self-Realization Fellowshp 刊）

「心の静寂の中へ」（スリ・ダヤ・マタ著 /Self-Realization Fellowshp 刊）

「ブッダとその弟子の 89 の物語」（菅沼晃著 / 法蔵館刊）

「ブッダのことば」（中村元訳 / 岩波書店刊）

「転生の秘密」（ジナ・サーミナラ著 / たま出版刊）

「シュリ・アーナンダマイー・マーの生涯と教え」

　　（アレクサンダー・リプスキ著 / ナチュラルスピリット刊）

「識別の宝石：完訳ヴィヴェーカ・チューダーマニ」

　　（シャンカラ著 / ブイツーソリューション刊）

「お坊さんにまなぶこころが調う食の作法」

　　（星覚著 / ディスカヴァー・トゥエンティワン刊）

「空海ベスト名文」（川辺秀美著 / 講談社刊）

「正釈日月神示」（中矢伸一著 / 徳間書店刊）

「二宮尊徳一日一言」（寺田一清編著 / 到知出版社刊）

「最高の体調」（鈴木祐著 / クロスメディア・パブリッシング刊）

「ムドラ全書」（ジョゼフ・ルペイジ＆リリアン・ルペイジ著 / ガイアブックス刊）

「霊魂の城」（イエズスの聖テレジア著 / ドン・ボスコ社刊）

「An Introduction to the Philosophy of Ramalinga Swami」

　　by Dr.C.Srinivasan.

「Annamalai University's complete compilation of Thiruvarutpa in all
six thirumurai in 10 Volumes」

「君が代から神が代へ」上下巻（森井啓二著 / きれい・ねっと刊）

「宇宙深奥からの秘密の周波数「君が代」」（森井啓二著 / ヒカルランド刊）

「光の魂たち 動物編 人の霊性進化を助ける動物たち」

　　（森井啓二著／きれい・ねっと刊）

「光の魂たち 植物編 人の霊性進化を見守る植物たち」

　　（森井啓二著／きれい・ねっと刊）

「臨床家のためのホメオパシーノート 基礎編」

　　（森井啓二著／ナナ・コーポレート・コミュニケーション出版刊）

「エドガー・ケイシーリーディング」

　　（NPO 法人日本エドガー・ケイシーセンター　https://edgarcayce.jp/）

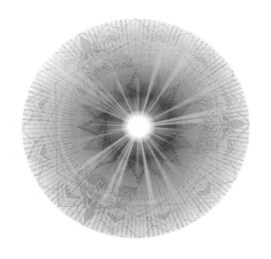

Detailed Explanations of Bhagavad Gita

森井 啓二 （もりい けいじ）

専門は動物の統合診療医＆外科医。東京生まれ。北海道大学大学院獣医学研究科卒業後、オーストラリア各地の動物病院で研修。1980年代後半から動物病院院長として統合医療開始。趣味は瞑想、ヨガ、山籠り、油絵を描くこと。自然が大好き。40年前にクリヤヨギたちと会う。クリヤヨガ実践。

著書に『新・臨床家のためのホメオパシー マテリアメディカ』『ホメオパシー 基本レメディ活用ガイド』『宇宙深奥からの秘密の周波数 君が代』『君が代から神が代へ』『光の魂たち 動物編』『光の魂たち 植物編』『光の魂たち 山岳編 序章』など。

ブログ：ひかたま（光の魂たち）
http://shindenforest.blog.jp/

Instagram
https://www.instagram.com/pipparokopia/

この星の 未来を創る 一冊を
きれい・ねっと

精 解
神の詩
聖典バガヴァッド・ギーター
7

2023 年 5 月 22 日　初版発行

著　　者	森井啓二	
発 行 人	山内尚子	
発　　行	株式会社 きれい・ねっと	

〒 670-0904　兵庫県姫路市塩町 91
TEL：079-285-2215 / FAX：079-222-3866
https://kilei.net

発 売 元　　株式会社 星雲社（共同出版社・流通責任出版社）
〒 112-0005　東京都文京区水道 1-3-30
TEL：03-3868-3275 / FAX：03-3868-6588

曼 荼 羅　　ジェイコブス彰子
デ ザ イ ン　eastgraphy

© Keiji Morii 2023 Printed in Japan
ISBN978-4-434-32146-7

乱丁・落丁本はお取替えいたします。